STRESS POSITIV NUTZEN

PROF. DR. DR. MED ANDREAS HILLERT

INHALTS-VERZEICHNIS

1 Der Stress muss weg! Oder etwa nicht?

Alles halb so schlimm?! 5 • Die Stresswelle richtig surfen 7

2 Über die stressigen Dinge

Stressoren der Urzeit: Der berühmte Säbelzahntiger 15 • Es kommt auf die Perspektive an! 22 • Wie reagiert man auf Stressoren richtig? 26 • Die Biologie und die medizinischen Folgen 30 • Auf dem Weg in den Burnout? 38 • In den Flow kommen 43

3 Von 180 auf ganz entspannt!

Die Evolution schafft Realitäten 48 • Stresskonstellationen schnell erkennen 54 • Stress im Hier und Jetzt reduzieren 59 • Wie Entspannung funktionieren kann 63 • Achtsamkeit: Viel mehr als „einfach loslassen" 77

4 Stressbeschleuniger entschärfen!

Einfache Lösungen gibt es nicht 85 • Die eigenen Muster aufdecken 88 • Jetzt wird's knifflig: Stressbeschleuniger entschärfen 103 • Energiequelle: Die eigenen Werte und Ziele 114

5 Strategien für Stresssituationen

Selbstwertgefühl: Das stabile Fundament 123 • Stress mit Arbeit, Chef und Co 127 • Bringen Sie die Waage ins Gleichgewicht 135 • Familienstress? Eine Frage der Kommunikation 143 • Less Stress für Sie, Ihre Kids und Teenager 148

6 Ihre persönliche Erholungswelt

Work-Life-Balance-Falle 152 • Was Erholung auszeichnet 155 • Bausteine für Erholungswelten 162 • Mehr als nur „Batterien aufladen" 164 • Everybody's gone surfin'! 169

Hilfe

Literatur (Auswahl) 173 • Register 174

Erklärung der Symbole

Jede farbige Textpassage bietet Ihnen spannende und besonders wissenswerte Zusatzinformationen. Diese Symbole zeigen Ihnen, was Sie hier erwartet.

 Gut zu wissen
 Achtung!
 Verblüffendes
 Eine kurze Anleitung
 Aus der Forschung

DER STRESS MUSS WEG! ODER ETWA NICHT?

Die meisten Menschen wollen Stress einfach nur schnell loswerden. Das ist aber nicht möglich und schon gar nicht sinnvoll.

Alles halb
so schlimm?!

Wenn wir verstehen, wie Stress funktioniert, können wir ihn zu unserem Vorteil nutzen.

„Stress positiv nutzen." Ein Titel, der bei Ihnen vielleicht zunächst Stirnrunzeln ausgelöst hat. Denn meistens wird uns doch suggeriert, Stress sei ungesund und müsse vermieden werden. Wir alle sollten ein möglichst stressfreies Leben führen!

Bei der Titelfindung für dieses Buch war lange Zeit „Stress – nein danke" der Favorit, bis klar wurde, dass man damit das Buch in eine völlig falsche Richtung lenkt. Denn geht es darum, dass Sie nach der Lektüre des Buches keinen Stress mehr haben? Kann das überhaupt funktionieren? Und falls ja, ist es sinnvoll? Die Antwort ist einfach: Nein, es geht nicht und ist auch nicht sinnvoll. Dieses Buch hat den Anspruch, keine leeren Versprechungen zu machen, Ihnen wissenschaftlich fundierte Informationen an die Hand zu geben und Sie darin zu unterstützen, mit Stressbelastungen besser umzugehen. Stress ist Bestandteil unseres Lebens und unser Ziel sollte sein, zu lernen, wie wir so positiv wie möglich mit ihm umgehen, und ihn sogar für unsere Zwecke nutzbar zu machen. Im Idealfall: Schlagen wir dem Stress ein Schnippchen und lassen ihn für uns arbeiten.

Stellen wir uns einen vom Stress geplagten Menschen vor: angesichts einer sich immer weiter beschleunigenden Gegenwart, ständigem Leistungsdruck, immer stärker fordernden Vorgesetzten, Unsicherheiten aller Art und fehlenden gleichermaßen attraktiven wie erreichbaren Zielen. Dieser Mensch hat heute bereits mehrere nervig-frustrierende Konflikte mit Kunden und Vorgesetzten hinter sich. Wichtige Aufgaben konnte er gerade noch in letzter Sekunde erledigen. Und nun sitzt dieser Mensch völlig erschöpft zu Hause auf dem Sofa, streicht sich mit der Hand über die Stirn und hat keinen anderen Gedanken als: „Der verdammte Stress muss weg!"

Finden Sie sich in diesem Bild wieder? Wahrscheinlich ja, Sie haben dieses Buch nicht ohne Grund gekauft. Was erwarten Sie nun aber konkret? Dass Sie und Ihre Bedürfnisse ernstgenommen werden? Das ist selbstverständlich! Wer behauptet, noch nie „Stress, nein danke"-Gedanken gehabt zu haben, flunkert mit Sicherheit. Wenn Sie das Buch gelesen und ein paar Übungen gemacht haben, haben Sie tatsächlich keinen Stress mehr – glauben Sie wirklich, dass das so einfach funktionieren könnte? Und selbst wenn es ginge: Ist die völlige Abwesenheit von Stress tatsächlich das, was Sie in letzter Konsequenz anstreben?

Wenn sich die momentane Erschöpfung etwas gelegt hat und Sie tief durchgeatmet haben, dann dürfte schnell klar werden, dass die totale Abwesenheit von Stress angesichts unseres anstrengenden Alltags sicher ein tief empfundener Wunsch ist. Doch ginge dieser in Erfüllung, wäre das mit dem Leben schlicht unvereinbar. Leben bedeutet Stress – aber Stress bedeutet eben auch Leben. Gerade wenn Sie dem noch nicht so ganz zustimmen können, sind Sie in diesem Buch herzlich willkommen. Machen Sie sich auf einige Überraschungen und Herausforderungen gefasst. Und seien Sie sicher, dass diese Sie am Ende bereichern werden. Für den wahrscheinlicheren Fall, dass Sie „Stress bedeutet Leben" zwar zustimmen, aber nur mit dem nachdrücklichen Hinweis, dass es darum geht, Ihren Stress so zu dosieren, dass er entweder anregend oder zumindest nicht der Gesundheit und der Lebensqualität abträglich ist, sind wir uns einig. Dieses Ziel ist realistisch und es gibt zu den damit einhergehenden Aspekten umfangreiche wissenschaftliche und therapeutische Ansätze, die wir nun nutzen werden.

Wovon sprechen wir nun genau?

Um das Ziel eines angemessen souveränen Umgangs mit Stresskonstellationen erreichen zu können, ist es hilfreich, sich zunächst einmal mit Worten und Begriffen zu beschäftigen. Werfen wir einen näheren Blick auf den Begriff „Stress". Stress hat heute ein denkbar schlechtes Image. In den Medien genauso wie in der Wahrnehmung der Bevölkerung, die sich zudem gegenseitig beeinflussen. Der Begriff Stress hat Signalcharakter, denken wir an Katastrophenartikel mit Überschriften wie „Experten schlagen Alarm: Stress macht krank!" Dass Stress und ständige Hektik krank machen, zu hohem Blutdruck, hohem Blutzucker und in letzter Konsequenz auch zu einem Herzinfarkt führen können, ist wissenschaftlich gesichert und gehört längst zum Allgemeinwissen.

WARUM WIR AUF SPRACHE ACHTEN MÜSSEN: Es heißt, Worte seien Schall und Rauch, also letztlich bedeutungslos. Tatsächlich aber sind sie die Werkzeuge, mit denen unser Gehirn arbeitet. Dabei gewinnt jeder noch so sachliche Begriff, wenn er für uns relevant ist, automatisch emotionale Qualität.

Die positiven Aspekte des Begriffs „Stress" zu erkennen wird nicht zuletzt dadurch erschwert, dass andere Begriffe, die auf die Abwesenheit von Stress hinweisen, etwa „Erholung", uns ein geradezu paradiesisches Ambiente vorstellen lassen. Wann waren Sie das letzte Mal so richtig erholt? Im Urlaub bei einer Wanderung in den Bergen? Am Strand, auf einem Liegestuhl die Wellen beobachtend, auf einer Seefahrt, beim Segeln oder Surfen? All das verspricht Entspannung. Gerade das Bild des Surfens lässt an einen angenehmen „Flow" denken und eignet sich deshalb besonders gut, um die positiven Aspekte von Stress herauszuarbeiten. Denn „stressfrei" ist Surfen keineswegs!

Die Stresswelle richtig surfen

Wie man beim Surfen zunächst trainiert und dann auf die perfekte Welle wartet, so kann man auch beim Stress dessen produktive Seite nutzen.

Dieses Buch soll helfen, Ihre Stressrisiken zu reduzieren. Das wird nur funktionieren, wenn der Begriff Stress für Sie eben nicht ausschließlich negativ besetzt ist. Wenn sich bei Ihnen angesichts des Wortes „Stress" die Nackenhaare aufstellen und Gedanken wie „Bloß keinen Stress! Das schaffst Du nie, das macht dich krank …" einschließlich der dazugehörigen negativen Gefühle in den Kopf schießen, dann schließt das einen entspannten Umgang mit allem, was mit Stress zu tun hat, aus. Wie löst man dieses Problem? Was die Sachebene anbelangt, werden Sie in diesem Buch viele Informationen finden, die nachdrücklich belegen, dass Stress untrennbar mit dem Leben verbunden ist. Jeder Spaß, jeder Witz und jede Lebensqualität sind ohne Stress unmöglich. Niemand, der mit Stress angemessen umgehen will, kommt darum herum, sich mit diesem Phänomen ein Stück weit anzufreunden und es besser zu verstehen.

☞ **DAS MEERESRAUSCHEN IM STRESS:** Falls es Ihnen (noch) unvorstellbar erscheint, sich mit Stress anzufreunden, dann hilft vielleicht folgendes Bild: Stress ist wie das Zusammenspiel von Wind und Wellen auf dem Meer. Stellen Sie sich vor, dass Sie Surfer auf dem Meer Ihres Lebens sind. Würden Sie versuchen, Wind und Wellen auszuschalten? Ohne Wind herrscht totale Flaute. Statt Surfen gäbe es nur ein mühsames Paddeln auf einer spiegelblanken Wasseroberfläche: Wäre das Ihr ideales Leben? Vermutlich nicht.

Behalten Sie das Bild im Kopf: Wenn Stress zum Leben gehört wie Wind und Wellen zum Meer und zum Surfen, dann kann es nicht um von vornherein aussichtslose Versuche gehen, ein stressfreies Leben zu führen. Vielmehr geht es um Strategien, wie man trotz mitunter heftigen Stresses so gut und elegant wie möglich segeln beziehungsweise surfen kann. Bei diesem Training wird Sie dieses Buch begleiten. Das wird nicht immer einfach sein, aber Sie können sich sicher vorstellen, was für ein Gefühl das sein wird, wenn Sie die erste Welle genommen haben werden.

Stress ist nicht gleich Stress

Gelegentlich werden Sie auf direkte, recht persönliche Fragen treffen. Das könnte etwa die Frage sein, welche Bilder in Ihrem Kopf, Ihren Gedanken und Gefühlen auftauchen, wenn Sie entweder an „Stress" oder an „Erholung" und „Entspannung" denken. Wichtig ist, dass Sie diese Fragen ernst nehmen und für sich beantworten. Im Text werden Sie jeweils Hinweise finden, welche Konsequenzen Ihre Antworten haben könnten.

Mit diesen Fragen hat es folgende Bewandtnis: Wenn Sie ein Buch etwa zum Thema „Wie repariere ich mein Auto?" lesen, dann

DIE STRESSWELLE

Eine Welle lässt sich surfen, wenn
Sie Ihre äußeren und Ihre inneren Stressoren
kennen und wissen, wie Sie diese nehmen können.

HOHE ERWARTUNGEN S. 101

PERFEKTIONISMUS S. 94

VERÄNDERUNGEN S. 86

DIE EIGENEN ANSPRÜCHE S. 94

KONFLIKTE S. 132

FAMILIE UND BEZIEHUNG S. 143

U.V.M.

sind die Ausgangsbedingungen soweit objektiv und eindeutig. Wenn ein bestimmtes Teil kaputt ist, müssen Sie es auf eine bestimmte Weise herausnehmen, reparieren oder austauschen. Im Gegensatz dazu sind Ihre persönlichen Ausgangsbedingungen, wenn es um den Umgang mit Stress geht, so unterschiedlich, wie es jeder von Ihnen als Mensch ist. Wir alle haben eine eigene genetische „Ausstattung", jeder eine andere Lebens- und Lerngeschichte, jeder andere Lebensumstände, Ziele, Werte. Sicher, die Grundlagen der bei Stress im Körper ablaufenden Reaktionen lassen sich zunächst einmal ebenso sachlich beschreiben wie die Funktionen der Bauteile eines Autos. Das hilft dem Verständnis. Letztlich entscheidend sind jedoch die Ideen und Strategien, die Ihnen persönlich helfen, mit Stress umzugehen und auf den Stresswellen zu surfen. Dabei gilt: Die Empfehlungen und Tipps, die für den einen passen, können den anderen massiv überfordern. Der eine beherrscht die Grundtechniken des Surfens, der andere steht zum ersten Mal auf einem neuen Brett. Was der eine unmittelbar versteht, ist für den anderen, der anders sozialisiert wurde, unverständlich. Jeder noch so einfache Hinweis, was man im Umgang mit Stress anders oder besser machen könnte, hilft Ihnen persönlich nur dann weiter, wenn Sie ihn annehmen und umsetzen können. Dazu müssen wiederum Ihre diesbezüglichen Grundlagen hinreichend tragfähig sein. Ein weiteres Problem ist, dass uns unsere eigenen Grundlagen mitunter selbst nicht so klar sind, wie einem Kfz-Mechaniker die Konstruktion eines Autos klar sein sollte. Es ist daher unumgänglich, sich seine eigenen Muster bewusst zu machen, um angemessen kalkulieren zu können, wie man mit dem Surfboard und dem Wind, also dem Stress, besser zurechtkommen kann.

> **WENN ES UNANGENEHM WIRD:** Einige der Fragen, die Ihnen in diesem Buch gestellt werden, könnten für Sie ungemütliche Aspekte berühren. Da geht es manchmal um Themen, die man lieber ignoriert. Wenn Ihnen eine Frage derart aufstoßen sollte, blättern Sie an der Stelle einfach weiter! Erfahrungsgemäß gibt es Menschen, denen gerade diese Frage weitergeholfen hat. Nur für diese steht die betreffende Frage in diesem Buch.

„Stress positiv nutzen" ist als ein einfach und spannend zu lesendes Lehrbuch zum Thema Stresssurfen gedacht, in dem Sie Hintergründe und Funktionen von Stress und Stressbewältigung finden. Es soll wie ein Stress-Surfkurs für Sie sein. Um diesen Kurs zu absolvieren, ist es nötig, dass Sie für sich klären, wie Sie gerade bezüglich des Stressthemas unterwegs sind. Die entsprechenden Fragen in diesem Buch verstehen Sie dabei bitte als Angebot. Was Sie aus persönlichen Gründen nicht beantworten wollen, lassen Sie einfach aus. Dieser Ratgeber ist dann immer noch ein unterhaltsames Infobuch zum Thema Stress.

Heute ist (fast) jeder „im Stress"

Stressbücher sind seit Langem im Trend, wie ein Blick ins Regal Ihres Buchhändlers oder in die Kategorien der Onlineplattformen Ihnen umgehend beweisen werden. Das zeigt auch, dass zumindest in der westlichen Welt niemand mit seinem Stressproblem allein ist, auch Sie nicht. In großen Umfragen, je nachdem wie man es erfragt, bekundet jeweils in etwa ein Drittel der erwachsenen deutschen Bevölkerung, viel oder sehr viel „im Stress" zu sein und darunter zu leiden. Hinter der Aussage „Ich habe zu viel Stress" muss schon deshalb mehr stecken als persönliche Schwächen oder gar Versagen.

 EIN SPIEGEL UNSERER GESELLSCHAFT: Ob wir wollen oder nicht, letztlich sind wir alle auch ein Teil unserer individualistischen Gesellschaft. In der Zu-viel-Stress-Epidemie unserer Leistungsgesellschaft ist Erfolg (fast) alles. Das beinhaltet auch, stets souverän, gut drauf und glücklich zu sein. Wir leben in einer Welt voller Luxus und Bequemlichkeiten, von denen wir glauben, wir müssten sie uns unbedingt leisten können. Wie soll da kein negativer Stress entstehen?

Doch war früher alles besser? Es kommt auf die Perspektive an. In längst vergangenen Zeiten waren die Möglichkeiten, die ein Individuum hatte, sein Leben zu gestalten, im Gegensatz zu heute gering. Es gab keine Alternativen: Die meisten Menschen traten in die Fußstapfen ihrer Eltern und lebten dementsprechend. Spätestens seit der Französischen Revolution hat sich der Mensch immer weiter als Individuum von den Ansprüchen und Normen der Gesellschaft emanzipiert. Parallel dazu wurden wir dank technischer Erfindungen immer unabhängiger von allem, was die Natur uns zuvor vorgegeben hatte. Wir leben heute kaum noch nach den Jahreszeiten. Elektrisches Licht macht die Nacht zum Tag und gibt uns die Freiheit, länger aktiv zu sein.

Diese Veränderungen zeigen sich auf allen Ebenen: Mit der Bahn, mit Autos und Flugzeugen sind schnelle Verkehrsmittel entstanden, die Entfernungen schrumpfen lassen. Das Internet macht die Welt scheinbar zu einer einzigen Gemeinschaft und überflutet uns derart mit unendlichen Informationsmengen, dass so mancher in Gefahr ist, die Bodenhaftung zu verlieren und weggespült zu werden. Niemand muss heute mehr etwas, weder in die Kirche gehen noch etwas glauben, weder sein biologisches Geschlecht akzeptieren noch irgendetwas tun, was er nicht will oder sich nicht zutraut. Das ist einerseits gut so.

☞ **DIE QUAL DER FREIHEIT:** Andererseits kann man Freiheiten richtig, aber auch falsch nutzen, ohne dass man vorher sicher sein kann, was die richtige Entscheidung ist. Auch diese Freiheiten nicht zu nutzen und keine Entscheidung zu treffen ist keine Lösung, dann zieht die Welt quasi an einem vorbei. All das, jede Unsicherheit, kann Stress bedeuten.

Wenn Sie einer älteren Generation angehören, dann werden Sie selbst noch mehr oder weniger traditionell geprägt worden sein. Gerade in der 68er-Zeit hat zwar fast eine ganze Generation gegen traditionelle Vorgaben rebelliert, doch nicht jeder, der in dieser Epoche aufgewachsen ist, konnte sich tatsächlich von Normen wie „Nur wer etwas leistet, ist etwas wert!" emanzipieren. Der persönliche Kampf mit solchen Stresstreibern kann selbst ganz erheblichen Stress verursachen.

Wenn Sie im Gegensatz dazu einer sehr jungen Generation angehören, also einer Generation, die unter der Prämisse „Du kannst werden und tun was Du willst – Hauptsache, Du bist glücklich!" aufgewachsen ist, ist das allerdings auch keine Garantie, dass Ihr Leben stressarm ist (siehe S. 119). Im Gegenteil! Ihr Stress hat nur eine andere Dynamik, er kommt gewissermaßen aus einer anderen Windrichtung. Je mehr Freiheitsgrade man hat, umso größer ist die Unsicherheit, wie man sich richtig entscheidet. Wer nur und immer glücklich sein soll oder will, kann eigentlich gleich kapitulieren. All das bedeutet letztlich: Stress.

Statt „back to the roots":
Mit Stress besser umgehen

Nun wird niemand zurück in Zeiten wollen, in denen die individuelle Freiheit durch soziale und berufliche Vorgaben massiv begrenzt war. Auch auf elektrisches Licht, geheizte Räume im Winter, auf Autos, Flugzeuge und das Internet will niemand ernsthaft verzichten. Mit einer Entschleunigung unseres Lebens ist nicht zu rechnen. Alle globalen Krisen, von den Folgen einer Pandemie bis zu denen eines Krieges, werden für uns absehbar zu mehr Verunsicherung, wirtschaftlichem Druck und weiterer Beschleunigung führen.

Letztlich stehen wir damit alle vor der Frage, wie wir mit unseren Freiheiten, unseren Möglichkeiten, unseren Prägungen und der Angst vor falschen Entscheidungen umgehen wollen und können. Was alles auch mit (Selbst-)Verantwortung zu tun hat. Leider ist die Hoffnung, dass sich diese Probleme durch die weiteren technologischen, sozialen und politischen Entwicklungen von allein, ohne unser Zutun lösen werden, gering. Selbstfahrende Autos mögen Zeit sparen helfen. Würden wir diese, selbst sie absolut sicher wären, dafür nutzen, unseren Stress „herunterzufahren"? Oder eher für weitere Konferenzen, für Internetkonsum und andere letztlich das Leben weiter beschleunigende Möglichkeiten?

Angesichts dieses in der Weltgeschichte einzigartigen, faszinierenden, aber eben auch bedrückenden Szenarios bleibt uns nur, uns so gut wie möglich zu positionieren, zumal gegenüber unseren eigenen Mustern, die Einfluss auf unser Stresserleben und unseren Umgang mit Stressoren haben. In den folgenden Kapiteln werden wir immer wieder auch auf die historische Dimension von Stress, Stresserleben und Stressbewältigung stoßen. Ob wir wollen oder nicht, die Art und Weise, wie wir Belastungen wahrnehmen und mit ihnen umgehen, ist keine mathematische Größe, sondern auch ein Spiegelbild der jeweiligen Epoche, in der ein Mensch lebt. Historische und soziale Aspekte mitzudenken macht das Stressthema zwar noch etwas komplizierter, als es sowieso schon ist, dafür aber auch realistischer und damit schließlich ein Stück weit lösbar.

Und nun, nach einigen einführenden Hinweisen und Überlegungen, sind wir soweit vorbereitet, dass wir – ganz entspannt – in das zweite Kapitel des Buches, das mit dem Säbelzahntiger beginnt, starten können!

ÜBER DIE STRESSIGEN DINGE

Stress ist nicht gleich Stress. Stress ist wichtig, sogar überlebenswichtig. Viele Jahrtausende ging es schlicht ums Überleben. Heute ist das ganz anders.

Stressoren der Urzeit: Der berühmte Säbelzahntiger

Auch unsere Vorfahren hatten Stress.
Und der funktionierte in etwa so, wie Stress
heute noch funktioniert.

Kennen Sie den Säbelzahntiger? Leibhaftig begegnet ist er Ihnen sicher nicht, da er vor etwa 12 000 Jahren ausgestorben ist. Die spärlichen Überreste seiner Existenz, ein paar Skelette und eben die Zähne, sind in naturhistorischen Museen zu besichtigen. Wobei diese Reste nicht sonderlich eindrucksvoll sind, verglichen etwa mit Skeletten vom monumentalen Tyrannosaurus Rex. Dass der Säbelzahntiger so prominent werden konnte, hat er einzig der Stressforschung zu verdanken, die in ihm anscheinend den exemplarischen Feind der frühen Menschheit sieht.

Man stellt es sich üblicherweise so vor: Unsere Vorfahren in der Altsteinzeit sitzen entspannt und gemütlich, die Überreste des gestern erlegten Mammuts verdauend, an ihrem Lagerplatz. Plötzlich ist ein Knacken im Unterholz zu hören. Es geht um Sekunden und ganz klar ums nackte Überleben! Ein mächtiger Säbelzahntiger springt aus dem Gebüsch. Im Moment des Angriffs musste gehandelt werden: aufspringen – und dann? Auf einen nahen Baum zu klettern wäre eine denkbare Lösung. Einen brennenden Ast aus dem Feuer ziehen und zum Angriff auf die Bestie überzugehen eine andere. Im Idealfall zog der Säbelzahntiger dann irgendwann frustriert und unverrichteter Dinge seines Weges. Vielleicht sogar mit einigen Blessuren im Fell. Am Ende haben unsere Vorfahren den Tiger jedenfalls überlebt und die Menschheit konnte sich erfolgreich weiterentwickeln. Unsere Vorfahren mussten sich mit zahlreichen Unsicherheiten und Gefahren auseinandersetzen. Allerdings befanden sie sich durchaus nicht ständig im existenziellen Kampfmodus. In guten Zeiten, mit genügend Nahrung, dürfte es ein eher gemütliches Leben gewesen sein. Wenige Arbeitsstunden am Tag reichten aus, um satt und zufrieden zu sein. Vorratshaltung gab es nur sehr begrenzt, denn für nicht sesshafte Menschen ist über das Notwendige hinausgehender Besitz nur eine Belastung. Man zog eben dorthin, wo es genügend Nahrung gab. Zwar gab es den Klimawandel und mehrere Eiszeiten, auf die man entsprechend reagieren musste, indem man in wärmere Gebiete zog. Doch angesichts von jedes Jahr etwa 1 500 Meter vorrückenden (und später sich zurückziehenden) wandernden Eismassen (so Schätzungen) war diese Epoche für sich genommen nur bedingt „stressig". Insgesamt war die Steinzeit jenseits der Säbelzahntiger vermutlich sogar ein relativ stressarmes Paradies.

 RIESE AUS DER VERGANGENHEIT: Der Säbelzahntiger war ein riesiges Tier mit einer Schulterhöhe bis zu 1,20 Meter und einem Gewicht von bis zu 360 Kilo. Die namensgebenden Säbelzähne waren bis zu 28 Zentimeter lang und ragten dabei bis zu 17 Zentimeter aus dem Kiefer des Tigers heraus. Sein Aussterben wird heute mit einer Kombination aus dem massenhaften Auftreten der Frühmenschen und dem Klimawandel, den es seinerzeit auch schon gab, in Verbindung gebracht.

Wirklich problematisch wurden Dürreperioden, das Ausbleiben von jagbaren Tieren und ähnliche längerfristige Probleme, denen man auch durch längere Wanderungen nicht entkommen konnte. Solche Erfahrungen motivierten die Menschheit letztlich dazu, sesshaft zu werden, Ackerbau und Viehzucht zu betreiben und so von äußeren Gefahren unabhängiger zu werden. In der Geschichte der menschlichen Zivilisation ging es also darum, die Welt langfristig kalkulierbarer und sicher zu machen. Diese Bemühungen waren einerseits sehr erfolgreich. Andererseits führten sie offenbar nicht zu einer abschließenden Lösung des Stressthemas.

Kämpfe! Oder flieh …

Zunächst noch einmal zurück zum originalen Säbelzahntiger: Aus der völligen Ruhe und Entspannung heraus auf den Punkt flucht- oder kampfbereit zu sein, war und ist offenbar eine überlebenswichtige Eigenschaft jedes Individuums sowie der ganzen Menschheit. Die praktische Umsetzung davon ist physiologisch und psychologisch ziemlich anspruchsvoll. Ähnlich wie bei einem Pkw, den man in wenigen Sekunden von 0 auf 100 km/h beschleunigen kann, um in kritischen Situationen zu reagieren, sind beim Menschen diverse Voraussetzungen zu erfüllen, wenn der Tiger kommt. Dazu zählen tragfähige Knochen, belastbare Gelenke, kräftige Muskeln und ein Gesamtsystem, das garantiert, dass genug Energie zur Verfügung steht, um schnell und kraftvoll zu reagieren. Langes Nachdenken ist angesichts einer lebensbedrohlichen Situation unmöglich. Die Handlungsweise kann, eben weil es so schnell gehen muss, nur von dem ausgehen, was sich in der Entwicklungsgeschichte als erfolgversprechend erwiesen hat: Flucht oder Kampf. Zwischen diesen beiden Optionen gilt es, sich umgehend und richtig zu entscheiden.

Offensichtlich ist es der Natur im Laufe der Evolution gelungen, Mechanismen zu entwickeln, die all diese Anforderungen gut erfüllen. Diese Mechanismen wurden dann derart „selbstverständlich" und „normal", dass sie viele Jahrtausende lang kaum als solche wahrgenommen, geschweige denn kritisch hinterfragt wurden. Vielmehr war das Training von Strategien im Umgang mit Gefahrensituationen immer ein Teil der Erziehung und Ausbildung, vor allem junger Männer. Um sich möglichst gut verteidigen oder möglichst schnell weglaufen zu können wurde trainiert und Sport getrieben. Dass Sport darüber hinaus langfristig gesehen der Gesundheit zuträglich sein kann (etwa zum Stressabbau), ist ein angenehmer Nebeneffekt. Aus Perspektive der Evolution heraus betrachtet ist Gesundheit zunächst einmal die Fähigkeit, sein Überleben auch unter schwierigen Situationen sichern zu können. Dieser Aspekt blieb vorrangig, auch unter sich verändernden Rahmenbedingungen. In unserer allseits abgesicherten westlichen Welt haben sich diese Prioritäten grundlegend verändert (solange man nicht in Kriegs- und Krisengebieten lebt).

Was von Natur aus gut funktioniert und selbstverständlich ist, das läuft Gefahr unter dem Radar unserer Wahrnehmung zu bleiben. Anders ist nicht zu erklären, warum sich vor dem 20. Jahrhundert fast niemand über das System, das unser Überleben in Belastungssituationen sichert, weitergehende Gedanken gemacht hat. Niemand kam bis dahin auf die Idee, hinter unserem Umgang mit belastenden Situationen ein elementares Phänomen des Lebens zu suchen. Beachtung findet auch heute üblicherweise nur das, was Probleme macht oder anderweitig als Sensation imponiert. Dass Sie ein Buch zum Thema „Stress" in den Händen halten, muss somit etwas mit den veränderten Lebensbedingungen zu tun haben. Und damit, wie der Mensch auf sich selbst blickt.

Hans Selye und die Ratten

Wie uns der Säbelzahntiger zeigt, gab es Stress schon immer. Die aktive Stressforschung dagegen ist ein eher junges Phänomen. Stress, so wie wir den Begriff heute verwenden, wurde erst von Hans Selye (1907–1982) entdeckt. Dem ungarischen Forscher war bereits als Student aufgefallen, dass Patienten, unabhängig davon, welche Diagnose gestellt worden war, äußerlich tatsächlich auch krank aussahen. Von seinen Kommilitonen wurde seine „banale" Beobachtung belächelt, schließlich war das doch selbstverständlich. Später, als Assistenzprofessor in Quebec, beschäftigte sich Hans Selye unter anderem mit Hormonen, also Botenstoffen, mit denen vom Gehirn ausgehend Körperfunktionen gesteuert werden. Diese Forschung war seinerzeit erheblich komplizierter als heute, wo Labore umgehend Hormonspiegel bestimmen können und man umgekehrt Hormone in Ampullen kaufen und in Experimenten einsetzen kann.

Hans Selye verwendete seinerzeit notgedrungen aus dem Schlachthof stammendes Eierstockgewebe von Kühen, aus dem er so gut es ging unter Verwendung von Formalin Hormone extrahierte und sie Ratten spritzte. Die Tiere zeigten dann alle ähnliche Auffälligkeiten: eine Vergrößerung der Nebennierenrinde und eine Schrumpfung des Thymus. Erst nach und nach wurde Hans Selye klar, dass es nicht die Hormone selber waren, die diese Veränderungen hervorgerufen hatten. Es war schlicht der Effekt des giftigen Formalins. Ganz ähnliche Effekte fand er, wenn er die Tiere auf andere Art und Weise traktierte, etwa indem er ihnen die Vorderpfoten umwickelte und sie damit ihrer Bewegungsfreiheit beraubte. Man kann Ratten auch in Wassereimern schwimmen lassen. Zunächst versuchen sich die Tiere schwimmend aus ihrer misslichen Situation zu befreien, bis zur Erschöpfung ihrer Kräfte. Wenn man die entsprechend schikanierten beziehungsweise gestressten Tiere dann untersucht, findet man in allen Fällen eine Vergrößerung der Nebennierenrinde.

 FORSCHUNG IST SPANNEND – ruft aber selten Begeisterung hervor. So aufregend für Hans Selye die Befunde waren, niemand konnte davon ausgehen, dass sie einmal zum Allgemeinwissen gehören würden. Das ist das Schicksal vieler Forschung: Trotz der investierten Zeit und des eingesetzten Geldes landet sehr vieles von den Experimenten, Aufsätzen, Vorträge, Ideen und Hypothesen letztlich entweder in der Mülltonne oder im Archiv.

Stressforschung etabliert sich – aber langsam

Hans Selye vermutete, dass das, was er als „allgemeines Adaptionssyndrom" oder auch als „generalisiertes Anpassungssyndrom" beschrieb, ein bei höheren Lebewesen im Rahmen der Evolution angelegtes, überlebenswichtiges Prinzip sein könnte.

Kein Lebewesen kann ständig angespannt sein. Schon deshalb, weil Energie kostbar und nicht unbegrenzt vorhanden ist. Aber wenn Gefahr droht, dann muss so viel Energie wie möglich so schnell wie möglich mobilisiert und alles andere zurückgestellt werden. Flucht oder Kampf?! An dieser Stelle kam dann der Säbelzahntiger ins Spiel. Nach der ersten, heftigen Kampfphase und einer daran anschließenden Widerstandsphase, in der der Kampf- oder Fluchtmodus noch (je nach Kondition unseres Urahnen) einige Zeit aufrecht erhalten bleibt, folgt schließlich, wenn die Energien erschöpft sind, die Erschöpfungsphase. Hans Selye hatte sicher gute Ideen und Hypothesen. Zunächst einmal gab es aber nur wenige Kollegen, die sein Interesse teilten und kaum eine Institution, die bereit war, in seine Ideen Geld zu investieren. So gesehen war Hans Selye in den Jahren um 1934 selber im Stress. Indes: nicht nur er.

Es war die Zeit, als sich in Deutschland der Nationalsozialismus etablierte. Krieg lag in der Luft. Techniker arbeiteten weltweit daran, leistungsfähigere Waffen zu konstruieren, Düsenjäger, Raketen und Bomben mit bislang unbekannter Zerstörungskraft. Damit umgehen zu können erforderte Soldaten, die auch in entscheidenden Momenten nicht die Nerven verloren, also möglichst stressresistent waren. Von solchen Überlegungen ausgehend wurden Entscheidungsträger des amerikanischen Verteidigungsministeriums auf die Forschung von Hans Selye aufmerksam und boten ihm eine Finanzierung seiner Studien an.

Alles nicht so einfach, wie gedacht

Hans Selye beschäftigte sich zunächst vor allem mit dem Hormon Kortison, das in der Nebennierenrinde hergestellt und von dort aus in die Blutbahn ausgeschüttet wird. Die Synthese und Ausschüttung dieses Hormons wird unter Stressbedingungen deutlich gesteigert.

Ein Grund für die vergrößerte Nebennierenrinde bei den Ratten. Nach und nach konnte Hans Selye aufzeigen, dass die Schaltzentrale des Prozesses im Gehirn liegt, das den Stressreiz registriert. Über die Hirnanhangdrüse und das vegetative Nervensystem werden dann komplexe körperliche und psychische Reaktionen ausgelöst (siehe S. 31). Dabei spielen die Hormone Adrenalin und Noradrenalin eine entscheidende Rolle.

Der Kardiologe Wilhelm Raab (1895–1970) beschäftigte sich an der amerikanischen University of Vermont seinerzeit genau mit diesen Hormonen. Er konnte zeigen, wie Adrenalin und Noradrenalin auf das Herz-Kreislauf-System – insbesondere in der Kampfphase – einwirken. Nach und nach wurden so die Bausteine zusammengetragen, die unser heutiges Wissen über Stress ausmachen. Heute ist Stress das am intensivsten erforschte physiologisch-psychologische Phänomen.

 STRESS IM FOKUS: Dass uns Stress von der Zeit vor der Geburt bis zum Hirntod begleitet, belastet, prägt, krank macht, aber auch wachsen lässt, war und ist Gegenstand unzähliger psychologischer, sozialwissenschaftlicher, psychotherapeutischer als auch philosophischer Arbeiten. Weltweit wurden bislang unzählige Untersuchungen zu Themen aus diesem Bereich publiziert. Täglich werden es mehr.

Hans Selye selbst war sich der Bedeutung seiner Entdeckung als „Grundlage für eine einheitliche Theorie der Medizin" sehr wohl bewusst. Ein wenig unter den Tisch fielen dabei Anregungen, die er von anderen Forschern erhalten hatte, so etwa von Walter B. Canon (1871–1945), Professor für Zoologie und Physiologie an der Harvard Universität, der bereits 1915 mit Hinweis auf unser „Reptiliengehirn" die Kampf- oder Fluchtdynamik beschrieb. Hans Selye schrieb mehrere Bücher, unter anderem 1950 „The Physiology and Pathology of Exposure to Stress", die weltweit Verbreitung fanden, wobei er, weit über die einfachen Stressexperimente hinaus, den universellen Charakter des Phänomens aufzeigte. Um überbordenden negativen Stress abbauen zu können, empfahl er nicht zuletzt: Meditation.

ABLAUF EINER STRESSREAKTION

Der „Entdecker" des „allgemeinen Adaptationssyndroms" Hans Selye teilte Stressreaktionen in vier Phasen ein.

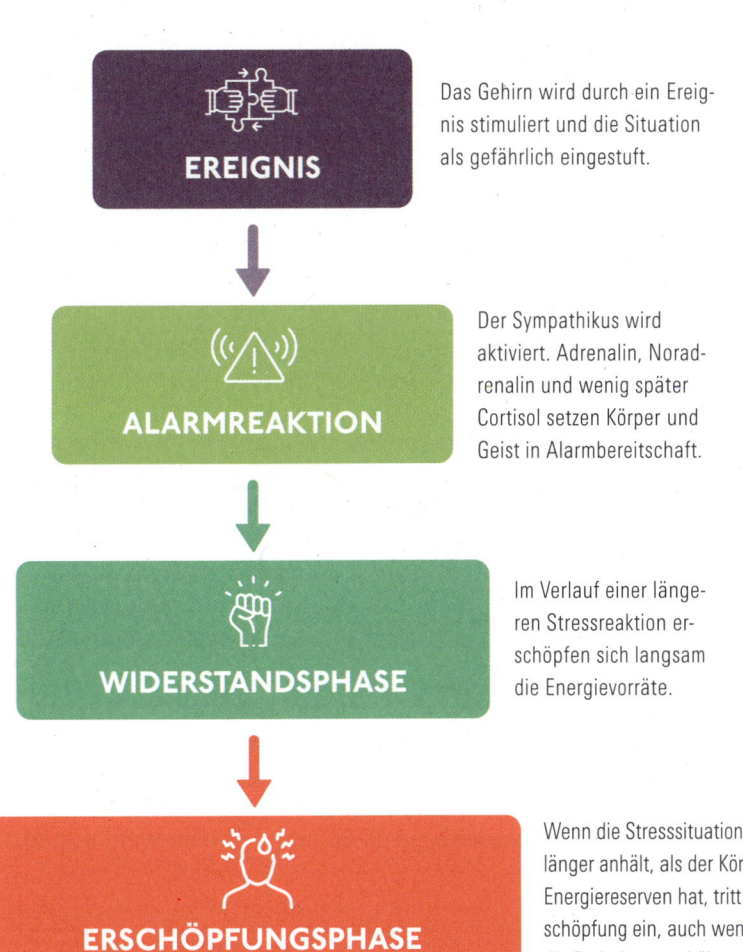

EREIGNIS — Das Gehirn wird durch ein Ereignis stimuliert und die Situation als gefährlich eingestuft.

ALARMREAKTION — Der Sympathikus wird aktiviert. Adrenalin, Noradrenalin und wenig später Cortisol setzen Körper und Geist in Alarmbereitschaft.

WIDERSTANDSPHASE — Im Verlauf einer längeren Stressreaktion erschöpfen sich langsam die Energievorräte.

ERSCHÖPFUNGSPHASE — Wenn die Stresssituation länger anhält, als der Körper Energiereserven hat, tritt Erschöpfung ein, auch wenn die Bedrohung anhält.

Es kommt auf die Perspektive an!

Es gibt unendlich viele Dinge, die uns stressen. Doch wie wir darauf reagieren, ist stets individuell.

Wenn es mit der sogenannten Stressreduktion so einfach wäre, bräuchten Sie dieses Buch nicht. Sie hätten Ihren Stress längst nach Belieben heruntergeregelt. Um Stress bewältigen zu können, ist es wichtig, dass die Begriffe, mit denen wir das Stressphänomen beschreiben, stimmen und Ansatzpunkte bieten, an denen wir den Hebel ansetzen können. Um Stress also bewältigen zu können, ist es entscheidend, nicht nur oberflächlich darüber zu reden. Zunächst einmal müssen die (äußeren) Stressoren vom (inneren) Stresserleben und damit den (individuellen) Stressfolgen unterschieden werden.

Stressoren sind etwas, was uns von außen bedroht oder belastet und uns dazu zwingt, zu reagieren. Diese Reaktion nennt man auch Anpassungsleistung. Wir sind, vor allem auf der Ebene des Körpers, ständig Stressoren ausgesetzt. Ein kalter Windzug, ein lautes Geräusch, ein Staubpartikel, der sich in Richtung unserer Augen verirrt: All das sind Stressoren. Wobei unser anscheinend genial konstruierter Körper damit zumeist fertig wird, ohne dass uns dies überhaupt bewusst wird. Ein kalter Windzug: Wir ziehen automatisch unsere Jacke fester um unseren Körper, stehen auf und schließen das Fenster. Ein Staubpartikel im Anflug auf die Bindehaut unseres Auges? Ein reflektorisches Blinzeln versucht die Landung zu verhindern. Und wenn das Staubteilchen bereits gelandet ist, dann wird es von vermehrt ausgeschütteter Tränenflüssigkeit weggespült.

 EIN LAUTES GERÄUSCH? Da sind in unseren Ohren umgehend Reflexe aktiv, die eingreifen bevor uns das Geräusch bewusst wird. Etwa indem die Spannung des Trommelfells reduziert und die Sensibilität der Sinneszellen im Innenohr heruntergeregelt werden. Das, bevor wir den Impuls verspüren, uns die Ohren zuzuhalten und uns in eine ruhigere Umgebung zu begeben.

Diese Beispiele – viele andere wären möglich – haben mit dem Stress, der Sie beschäftigt, nichts zu tun? Das ist sicher so. Es ging lediglich darum, deutlich zu machen, dass wir es ständig mit Stressoren zu tun haben, solange wir leben. Und dass jeder von uns über ein breites Spektrum von Stressbewältigungsstrategien verfügt, von denen uns die meisten gar nicht bewusst sind. Die kleine Auflistung macht zudem deutlich, dass Stressoren im Alltag zumeist keine „Entweder-leben-oder-sterben"-Phänomene wie der Säbelzahntiger sind, sondern ein breites Spektrum bilden. Legen wir den Fokus auf psychische Dimensionen: Diese können von einem verlorenen Euro über einen kleinen, vielleicht gar nicht ernst gemeinten Streit mit dem Partner bis zum Tod eines nahen Angehörigen reichen. Dabei ist es egal, wie groß und gefährlich ein Stressor sein mag: Er ist und bleibt ein Stressor, auf den wir – irgendwie – reagieren müssen.

Individuelle Reaktionen

Je aggressiver und mächtiger ein Stressor ist, umso geringer wird unser individueller Spielraum für die Stressreaktion. Eben deshalb wurde der Säbelzahntiger berühmt-berüchtigt. Jeder Mensch, der so einer Bestie gegenüberstünde, erlebte angesichts der massiven Bedrohung erheblichen Stress, das scheint klar – aber ist das wirklich so? Es gibt Menschen, beispielsweise Raubtierdompteure, die den Umgang mit wilden Tieren gelernt haben und höchstwahrscheinlich Strategien beherrschen, mit denen sich auch ein Säbelzahntiger, wenn er nicht ausgestorben wäre, einigermaßen beruhigen ließe. Argumentativ und praktisch wird es noch einfacher, wenn man über Waffen oder Mitstreiter verfügt. Für einen Jäger, der gut trainierte und passend bewaffnete Kollegen an seiner Seite hat, relativierte sich selbst die Gefahr durch einen Säbelzahntiger. Die vom Anblick eines solchen Tieres ausgelöste individuelle Stressreaktion sollte in diesem Fall deutlich reduziert sein. Außer in Extrembereichen dürfte es fast keinen Stressor geben, der bei allen betroffenen Menschen die gleiche Reaktion hervorruft. Und was für maximale Stressoren gilt, das gilt erst recht für alle geringeren. Umgekehrt gibt es Konstellationen, in denen Stressoren, die von den meisten Menschen gar nicht bemerkt oder als nicht relevant bewertet werden, bei diesbezüglich sensiblen Menschen zu hohem bis maximalem Stress führen können.

Es kommt auf die Perspektive an!

Es gibt Menschen, die ein normallautes Geräusch bereits als stark aversiv, also kaum oder gar nicht aushaltbar erleben. Als Reaktion vermeiden sie nach Möglichkeit alle Situationen, in denen es laut werden könnte, mit dem Ergebnis, immer geräuschüberempfindlicher zu werden. Therapie dieses „Hyperakusis" genannten Phänomens: nach und nach wieder an laute Geräusche gewöhnen, auch wenn es zunächst schwerfällt. Dabei werden dann, bewusst und unbewusst, Geräuschbewältigungsstrategien trainiert.

Stressor trifft auf Stressreaktion

Im Jahr 1984 hat der amerikanischen Psychologe Richard Lazarus (1922–2002) erstmals das „transaktionale Stressmodell" beschrieben. Dieses Modell versucht die Interaktion zwischen einem Stressor und dem davon betroffenen Individuum näher zu erfassen.

Die erste Wahrnehmung, die so spontan und so schnell erfolgt, dass weitergehende Überlegungen unmöglich sind, ist oft entscheidend. Richard Lazarus nennt die sich dabei einstellende Einschätzung die primäre Bewertung („primary appraisal"). Sie gibt die Richtung vor, in die das Individuum zunächst einmal reagieren wird. Wenn ein Stressor nicht bewusst wahrgenommen und vom Körper quasi automatisch beantwortet wird, hat sich der Fall bereits erledigt. Wenn ein Stressor jedoch in unserer bewussten Wahrnehmung auftaucht, ist damit auch eine initiale, gleichwohl kategorische Bewertung verbunden: Empfinden wir den Reiz als positiv oder negativ? Und ist seine Wirkung auf uns eher marginal oder eher heftig? Das Spektrum unserer Bewertungen reicht dabei von „positiv, aber irrelevant" bis „sehr heftig und negativ". Letzteres wird in unserem Sprachbrauch zumeist mit stressig gleichgesetzt, definiert also die negative Bedeutung von Stress, die in unserem Sprachgebrauch in der Regel dominant ist.

> ZWISCHEN POSITIV UND NEGATIV: Hans Selye hat die Reaktionen auf bedrohlich-negative Stressoren als Dis-Stress bezeichnet. Reaktionen auf eher positive Stressoren beschrieb er als Eu-Stress. Die elementaren physiologischen Abläufe sind jeweils sehr ähnlich, die Bewertung aber unterscheidet sich deutlich.

Bewertung, Abgleich, Bewältigung

Aus der Bewertung ergibt sich unmittelbar die Handlungsrelevanz. Bereits die erste spontane Bewertung beinhaltet einen intuitiven Abgleich des Stressors mit den eigenen Stressbewältigungsmöglichkeiten („coping"). Das Spektrum von Coping-Strategien ist breit. Von Kampf oder Flucht (siehe: Säbelzahntiger) reicht es heute bis zu charmanter Konversation (etwa mit einem aggressiven Chef) bis zur Vermeidung oder auch Verleugnung eines Stressors („So schlimm ist es bei mir in der Firma nun wirklich nicht!").

> **AUF DIE BEWERTUNG KOMMT ES AN:** Wenn man seine Möglichkeiten, mit dem Stressor umzugehen, als hoch, die Situation als beherrschbar und vielleicht sogar interessant einschätzt, ist die Situation eine Herausforderung („challenge"). Ist man von seinen Möglichkeiten weniger überzeugt, wird der identische Stressor zur Bedrohung („threat").

Jenseits von Lebensgefahr kann der durch einen Stressor drohende Schaden oder Verlust unterschiedliche Ebenen (und mitunter auch mehrere gleichzeitig) betreffen: vom Selbstwert und der öffentlichen Reputation über juristische Probleme bis zu den Finanzen. Wenn Sie sich einem Stressor hilflos ausgeliefert fühlen, potenziert sich die Stressdynamik und kann ein regelrecht paralysierendes Ausmaß annehmen.

Schauen wir genauer hin: Es ist noch nicht eine Sekunde vergangen, seitdem Sie mit dem Stressor konfrontiert wurden. Soweit er nicht als irrelevant erachtet und ausgeblendet wurde, was auch schon eine Bewertung und Handlung ist, treten Sie nun in Aktion. Diese kann so unterschiedlich ausfallen wie die sich aus diversen Stressoren und individuellen Möglichkeiten ergebenden Konstellationen. Am einfachsten ist es, wenn Sie angemessene Coping-Strategien parat haben und umsetzen können. Komplizierter wird es, wenn diese dann doch nicht funktionieren oder Sie sich nicht sicher sind, wie Sie vorgehen sollen. Dann versuchen Sie irgendetwas, was wiederum erfolglos oder erfolgreich sein kann. Sie haben sich zwar eher hilflos gefühlt, dann aber auf bestimmte Weise reagiert und sind nun erstaunt, wie gut das funktioniert hat. Bei alledem lernt unser Gehirn für das hoffentlich noch besser verlaufende nächste Mal. Ausgehend vom Ergebnis unseres Copings in Form von Reaktionen

Es kommt auf die Perspektive an!

und Handlungen kommt es, wiederum im Sinne von Richard Lazarus, dann zur sekundären Bewertung. Diese beinhaltet die bewusste oder auch unbewusste Überprüfung unserer ersten Bewertung. Wenn meine Möglichkeiten gut oder sogar besser waren als zunächst vermutet: Entwarnung. Ansonsten: Eskalation! Soweit möglich werden weitere Ressourcen aktiviert oder andere Strategien ausprobiert. Zusammenfassend gilt: Je mehr und je wirkungsvollere Coping-Strategien ein Individuum hat, desto besser.

Wie reagiert man auf Stressoren richtig?

Eine Frage der Bewältigung:
Es gibt zwei unterschiedliche Möglichkeiten,
auf Stressoren zu reagieren.
Beide haben Vor- und Nachteile.

Stressbewältigung: Klingt gut? Vielleicht deshalb, weil wir uns heute darunter automatisch so etwas wie Entspannung und zur Ruhe kommen vorstellen. Ursprünglich lagen die Akzente anders, da ging es in allererster Linie darum, das Problem faktisch zu lösen, also irgendwie zu überleben: Flucht oder Kampf?! Beide Reaktionsweisen lassen sich kompakt wie folgt beschreiben:

DIE PROBLEMORIENTIERTE BEWÄLTIGUNG: Diese setzt unmittelbar am Stressor an und zielt darauf ab, das damit verbundene Problem inhaltlich zu lösen. Im Extremfall also: Kampf oder Flucht. Auf den modernen Alltag bezogen: Konflikte mit der Chefin oder den Kollegen offensiv diskutieren, sich durch die Steuererklärung arbeiten, anstatt sie auf dem Unerledigt-Haufen liegen zu lassen. Eben auch dann, wenn es sich „stressig" anfühlt. Diese am Ursprung des Problems ansetzende Form der Stress(oren)bewältigung hat grundsätzlich viele Vorteile: Sich Stressoren gegenüber nicht in der Defensive zu fühlen, ist bereits für sich gesehen ein Gewinn. Man lernt jedes Mal dazu, verbessert seine Strategien und kann ein

Stück weit wachsen, was zusammengenommen ein gesundes Selbstwertgefühl fördert. Im Wiederholungsfall (siehe primäre Bewertung, S. 24) kann man ähnlichen Problemen recht gelassen und gut gewappnet entgegensehen. Der Nachteil problemorientierter Strategien ist, dass sie mitunter anstrengend werden können. Wenn man einem Konflikt oder einem Problem nicht ausweicht, wird es zunächst einmal noch stressiger und eine erfolgreiche Lösung ist keineswegs sicher. Angesichts von Säbelzahntigern war problemorientierte Bewältigung alternativlos. Angesichts von heutigen Alltagskonflikten gibt es andere Möglichkeiten und die Versuchung, sie zu nutzen, ist groß.

2 DIE EMOTIONSORIENTIERTE BEWÄLTIGUNG: Diese ist eine eher moderne Form des Umganges mit Stress. Sie setzt an den mit den Stressreaktionen einhergehenden negativen Gefühlen und Spannungszuständen an. Wie wir noch sehen werden, gehen Stressreaktionen zunächst einmal mit einer ganzen Reihe von psychischen und körperlichen Phänomenen einher, die letztlich alle zu erhöhter Anspannung und reduziertem Wohlbefinden führen. Bei der emotionsorientierten Bewältigung geht es darum, die unangenehmen Gefühle etwas weniger unangenehm werden zu lassen und die Anspannung zu reduzieren. Strategien sind hier Ablenkung, gezielte Entspannungsübungen, positive Gedanken und vieles mehr (siehe S. 60). Emotionsorientierte Bewältigung setzt grundlegend voraus, dass ein Stressor nicht potenziell lebensgefährlich ist. So gesehen ist es erfreulich, dass Säbelzahntiger ausgestorben sind und andere akut lebensbedrohliche Stressoren bei uns derzeit durchaus selten vorkommen. Nur deshalb ist emotionsorientierte Stressbewältigung eine realistische Option.

Grundsätzlich: Warum sollte man überhaupt emotionsorientierte Strategien anwenden – schließlich wird damit das eigentliche Problem nicht gelöst? Immer vorausgesetzt, dass der Stressor nicht wirklich lebensbedrohlich ist, ist die eine Möglichkeit, dass man davon ausgeht, eine Stresssituation nicht angemessen problemorientiert lösen zu können. Also gewissermaßen eine vorauseilende Kapitulationserklärung. Die andere Möglichkeit ist, dass man angesichts eines Stressors zu dem Schluss kommt, dass eine problemorientierte Lösung zu aufwendig oder zu mühsam wäre. Es lohnt sich schlicht nicht, dazu die für eine Problemlösung nötigen Energien zu mobilisieren. Entsprechend dem Motto: „Was kümmert es die Eiche,

CHECKLISTE: WIE REAGIEREN SIE?

Ganz spontan beantwortet, wenn Sie an Ihren Umgang mit Stresssituationen denken:

○ Neigen Sie eher zu problemorientierten oder zu emotionsorientierten Strategien?

○ Gibt es diesbezüglich Unterschiede zwischen Ihrem Privat- und Ihrem Berufsleben?
Falls es Unterschiede gibt: Woran könnte das liegen? Falls es keine Unterschiede gibt: Welche Vor- und möglicherweise welche Nachteile hat das für Sie?

○ Was müsste passieren, damit Sie häufiger problemorientierte Strategien einsetzen?

○ Wie fühlen Sie sich, wenn eine problemorientierte Strategie nicht greift?

○ Wie fühlen Sie sich, wenn eine emotionsorientierte Strategie die ungelösten Probleme immer höher auftürmt?

○ Ist es für Sie ein Zeichen von Stärke, wenn Mitmenschen auf Stressoren jeglicher Art vorzugsweise problemorientiert reagieren?

○ Wo im Spektrum zwischen „Angriff ist die beste Verteidigung" und „Selig sind die Friedfertigen" würden Sie sich bzw. Ihren vorzugsweise praktizierten Umgang mit Konfliktsituationen verorten?

○ Hat Ihre Art und Weise, mit Konflikten umzugehen, etwas mit Ihrem Selbstwertgefühl zu tun?

Sie müssen diese sehr persönlichen Fragen selbstverständlich nicht beantworten. Aber berücksichtigen Sie bitte: Alle längerfristig erfolgreichen Projekte, seine eigene Stressbewältigung im Alltag zu verbessern, basieren auf einer angemesseneren Reflexion und Wahrnehmung eigener — sehr persönlicher — Muster. Aber wer konfrontiert sich schon gern mit eigenen Schwächen? Abgesehen davon: Auch wenn es mühsam erscheint und Überwindung kostet, ist die Chance langfristig groß, dadurch mehr an Souveränität im Umgang mit Stressoren zu gewinnen.

wenn sich die Wildsau an ihr reibt?" Welche Bewältigungsmethode richtig ist, hängt unmittelbar damit zusammen, mit welcher Konstellation und damit Stressorqualität man es zu tun hat. Sich mit einem übermächtigen Chef wegen einer Kleinigkeit anzulegen, wäre sicher dumm. „Den Ärger herunterschlucken" ist in solchen Fällen in der Regel die angemessenere Lösung. Einen ähnlichen Konflikt mit einer Kollegin „herunterzuschlucken" führt jedoch dazu, dass es immer wieder zu solchen Ärgernissen kommen wird und es langfristig vermutlich sinnvoller ist, das Problem auf inhaltlicher Ebene zu lösen. Das dem Theologen Reinhold Niebuhr zugeschriebene „Gelassenheitsgebet" – „Gott, gib mir die Gelassenheit, Dinge hinzunehmen, die ich nicht ändern kann (= emotionsorientierte Bewältigung), den Mut, Dinge zu ändern, die ich ändern kann (= problemorientierte Bewältigung), und die Weisheit, das eine vom anderen zu unterscheiden" – bringt die hier relevanten Aspekte in unübertrefflicher Prägnanz auf den Punkt.

Es geht also im Idealfall darum, bezogen auf den jeweiligen Stressor und die eigene Situation, Konstitution und Kondition angemessene Strategien zu wählen und umzusetzen. Dabei sollten sowohl die kurzfristigen als auch die längerfristigen Perspektiven berücksichtigt werden. Die Totalvermeidung von Stress kann schnell zur Falle werden. Wer alle Stressoren emotionsorientiert möglichst schnell und effektiv zu bewältigen versucht („Ich muss nur lernen, immer entspannt zu sein und mich nicht aufzuregen!"), läuft Gefahr, sich immer mehr inhaltlich ungelöste Stresskonstellationen aufzuladen und damit genau in den Stressteufelskreis zu geraten, den er mit allen Mitteln vermeiden will.

Wovon die Stressreaktion abhängt

Richard Lazarus hat sich ausführlich damit beschäftigt, wie im Verlauf einer Stressreaktion sowohl unsere Persönlichkeit und die ihr immanenten Ansprüche als auch situative Faktoren eine wichtige Rolle spielen („demands and constraints"). Es geht um die Frage: Bin ich, weil andere Menschen anwesend waren, anders mit einem Konflikt oder Problem umgegangen, als ich es getan hätte, wenn ich allein gewesen wäre? Haben Sie Beispiele hierzu aus Ihrem Leben, vielleicht aus der jüngeren Vergangenheit, parat?

☞ **VERHALTEN UND SOZIALER KONTEXT:** Nehmen wir an, Sie haben einen Konflikt mit einer Kollegin oder Kundin. Wenn Zeugen dabei sind, neigen Sie eher dazu, diesem Konflikt nicht auszuweichen und es inhaltsorientiert anzugehen. Warum? Weil Sie sich sonst den die Szene beobachtenden Mitmenschen gegenüber als schwach, als hilflos und nicht durchsetzungsfähig präsentieren würden. Es sei denn, Sie sind extrem souverän. Damit wären wir wieder bei der Eiche und der Wildsau.

Transaktionale Stressbewältigung ist ein komplexes, prozesshaft-interaktives Phänomen. Nach der ersten spontanen Bewertung und möglicherweise eher intuitiven Reaktion auf einen Stressor wird reflektiert: Wie geht es mir, wie wirksam war das, was ich getan habe? Ausgehend davon stehen wir vor folgenden Optionen: aufhören, weiter so, Reaktionen anpassen oder etwas ganz anderes versuchen. Langfristig werden aus dem Erfolg oder Misserfolg der in diesem Fall praktizierten Strategien Konsequenzen abgeleitet. So kann man einen Karatekurs besuchen, um wehrhafter zu werden, oder die Entscheidung treffen, nie mehr die Wohnung zu verlassen.

Die Biologie und die medizinischen Folgen

Unser Körper reagiert auf jeden Stressor. Krank wird er davon erst einmal nicht.

Dass Adrenalin den Körper sofort in Alarmbereitschaft bringt und das chemisch verwandte Noradrenalin mit ähnlichen Wirkungen vom sympathischen Nervensystem als Überträgerstoff verwendet wird, ist heute allgemein bekannt. Hans Selye konnte es zunächst noch nicht wissen. Seinerzeit gab es noch keine einfachen Methoden, mit denen man Hormone im Blut oder im Gewebe hätte bestimmen können. Insofern machte Hans Selye, so wie alle Naturwissenschaftler, die Erfahrung, dass Wissenschaft eine stressige Angelegenheit ist. Denn der Normalfall ist: Man glaubt, gute Ideen zu haben, führt Experimente durch, um zu beweisen, dass man Recht hat, und findet dann zumeist heraus, dass alles noch viel komplizierter ist, als man es ursprünglich vermutet hatte.

DAS HEUTE IST MORGEN SCHON GESTERN: Das, was Sie auf den nächsten Seiten lesen, gilt derzeit als richtig. Allerdings ist es sicher eine grobe Vereinfachung – denken Sie nur an die unzähligen Studien. Darüber hinaus könnte es sein, dass wir viele wichtige Aspekte noch nicht kennen oder einfach übersehen, weil wir glauben, schon alles verstanden zu haben. Tatsächlich gelten naturwissenschaftliche Erkenntnisse und Hypothesen solange als „gültig", bis sie widerlegt wurden.

Eine Flut an Reaktionen

Wie stellt man sich heute die biologischen und physiologischen Abläufe einer Stressreaktion vor? Auf einen Stressor reagiert der Körper fast augenblicklich mit einer automatischen, also bereits vor der bewussten Wahrnehmung des Problems gezündeten Aktivierung von Nervenzellen. Die Reize werden von den Augen, den Ohren oder von Druck- oder Schmerzrezeptoren in der Haut und in den Muskeln registriert und über Nervenbahnen zunächst in entwicklungsgeschichtlich alte Zentren unseres Gehirns, das sogenannte Reptiliengehirn, weitergeleitet. Die eintreffenden Informationen werden umgehend mit bisherigen Erfahrungen abgeglichen, ohne dass uns dies bewusst wird. Wenn das Ergebnis „Achtung: Gefahr" ist, werden dann Impulse in das limbische System gesendet. Teil des limbischen Systems ist der Hypothalamus. Dieser wiederum ist anatomisch und funktional mit der Hirnanhangdrüse, der Hypophyse, verbunden. Über den Hypothalamus und die Hypophyse werden nicht zuletzt die Funktionen des vegetativen Nervensystems gesteuert.

Sobald das Gehirn „Alarm" signalisiert, werden aus der Hirnanhangdrüse und anderen Organen des sympathischen Nervensystems Hormone freigesetzt. Das sind vor allem Noradrenalin sowie Adrenalin, das im Nebennierenmark, dem inneren Teil der Nebenniere, produziert wird. Über den Blutstrom im Körper verteilt entfalten sie fast augenblicklich komplexe Wirkungen: Das Herz schlägt schneller, die Blutgefäße verengen sich, beides zusammen hat einen Anstieg des Blutdrucks zur Folge. Die kleinen Äste des die Luft in die Lunge führenden Bronchialsystems erweitern sich. Zudem werden der Fettabbau im Gewebe gesteigert und Glukose freigesetzt, die der Körper kurzfristig in Energie umwandeln kann. Gleichzeitig wird die Magen-Darm-Tätigkeit gehemmt. Die Gefahr signalisierenden Muster im Gehirn, sowohl im limbischen System als auch im Großhirn, werden durch den Anstieg der Stresshormone zusätzlich verstärkt. Das hat zur Folge, dass relativ zum Stressor unwichtiger erscheinende Aspekte ausgeblendet und nicht mehr bewusst wahrgenommen werden („Wer um sein Leben kämpft, braucht alles, nur keine Ablenkung!").

Dabei gibt es zwei Gegenspieler: In unserem vegetativen Nervensystem stehen sich Sympathikus und Parasympathikus antagonistisch gegenüber. Während der Parasympathikus für Verdauungskonstellationen und Ruhe zuständig ist, ist die Aufgabe des Sympathikus, auch sympathisches System genannt, das Gegenteil davon. Es stimuliert akute Stressreaktionen. Wenn das Problem nicht umgehend gelöst werden kann oder sich von allein gelöst hat (etwa, wenn der Säbelzahntiger satt und gelangweilt seines Weges zieht), geht es stringent weiter. Vom Hypothalamus aus werden Botenstoffe freigesetzt. Adiurtetin und das Corticotropin-Releasing-Hormon sind relativ einfach gebaute biochemische Verbindungen, mit denen der Hypothalamus Signale in die unmittelbar angrenzende Hirnanhangdrüse schickt. Dort stimulieren diese umgehend die Ausschüttung weiterer Botenstoffe, insbesondere des adrenocorticotropen Hormons (ACTH) und von Beta-Endorphinen. Das ACTH gelangt über den Blutkreislauf in die Nebennierenrinde, wo daraufhin Glucocorticosteroide, insbesondere Cortisol, freigesetzt werden. Wie der Name „Glucocorticoide" sagt, kommen diese Stoffe aus der Nebennierenrinde (Cortex = Rinde) und bewirken, dass im Körper Zucker (Glucose = Zucker) aus den Zellen freigesetzt wird. Der schnell ansteigende Blutzuckerspiegel hat dabei die Funktion, dem sich in Alarmbereitschaft oder schon beim Kampf oder auf der Flucht befindlichen Organismus die nötige Energie zu verschaffen. Der Anstieg von Noradrenalin und Adrenalin hatte bereits dazu geführt, dass die Atemfrequenz steigt, sich die Bronchien erweitern, das Herz schneller schlägt und sich die größeren Blutgefäße zusammenziehen. All das dient einzig dem Zweck, den Muskelzellen mehr Blut, also mehr Zucker und mehr Sauerstoff, zukommen zu lassen. In solchen Situationen ist ein erhöhter Blutdruck überlebenswichtig. Die Niere scheidet weniger Wasser aus, die Pupillen erweitern sich und die feinen Härchen auf der Haut richten sich auf.

 DAS LÄSST EINEM DIE HAARE ZU BERGE STEHEN: Und zwar, weil sich die kleinen Muskelfasern, die an den Haarbälgen ansetzen, zusammenziehen. Eine Schutzreaktion aus der Zeit, als Erfrieren noch eine häufigere Option war oder das Aufstellen des Felles noch Eindruck auf den Gegner machen konnte.

Gleichzeitig wird die Blutversorgung im Verdauungssystem (über ein Herunterfahren des Parasympathikus), aber auch zum Beispiel in der Haut reduziert. Aus diesem Grund werden manche Menschen „blass vor Schreck". Parallel dazu führen die freigesetzten Endorphine, das sind andere im Gehirn erzeugte Botenstoffe, zu einer verringerten Schmerzsensibilität. Eben deshalb erleben Schwerverletzte ihre Schmerzen oft erst dann, wenn die Gefahr vorbei ist. Zudem erhöht sich die Gerinnungsfähigkeit des Blutes – für den Fall, dass man sich verletzt, gerinnt das Blut also schneller. Als Nebeneffekt des hohen Cortisonspiegels wird die Immunabwehr geschwächt, wodurch beispielsweise die weißen Blutkörperchen weniger schnell reagieren. Darauf beruht auch der Effekt, dass sich bei den von Hans Selye traktierten Versuchsratten die Thymusdrüse zurückbildete. Diese ist bei heranwachsenden Tieren zentral in die Immunabwehr, nämlich in die Vermehrung und Spezialisierung weißer Blutkörperchen, involviert. Bei erwachsenen Menschen geschieht dies in anderen Organen, der Thymus hat sich hier weitgehend zurückgebildet. Motto: „Wenn ich den Angriff des Säbelzahntigers nicht überlebe, dann ist die spätere Wundheilung sowieso nicht von Interesse."

Der Stress, der bleibt

Alles, was bisher beschrieben wurde (und vieles mehr) ereignet sich in den allerersten Sekunden einer Stressreaktion. Und dann? Dann ist das Problem entweder glücklich gelöst oder überstanden. Die Stressreaktion klingt sukzessive ab, das System kehrt in den Vorzustand, idealerweise einen Ruhezustand, zurück. Wenn die Gefahr beziehungsweise die Flucht-Kampf-Situation andauert, ist es eine

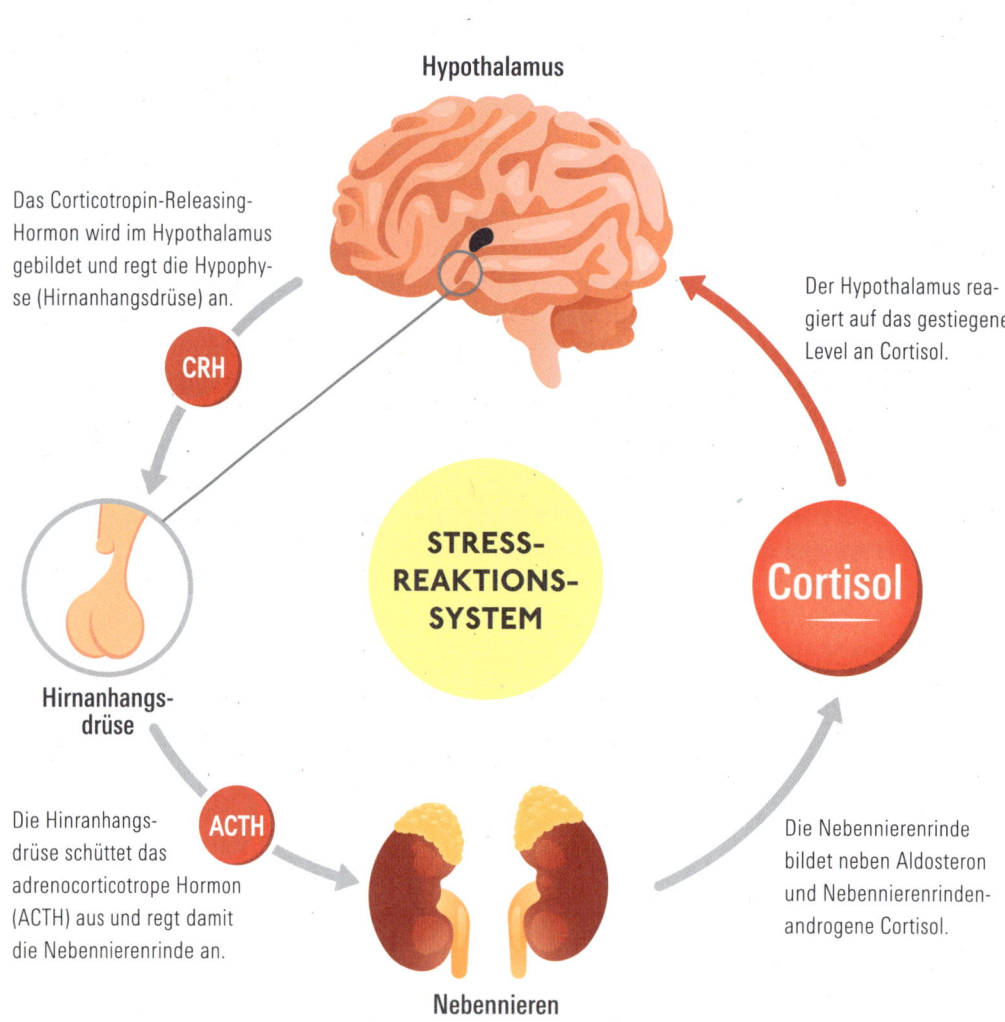

Frage der Kondition und der vorhandenen Ressourcen und Vorräte, etwa an Glucose, wie lange diese aufrecht erhalten werden kann. Zuzeiten des Säbelzahntigers, des physischen Fressen-und-gefressen-Werdens, wurde diese Frage faktisch beantwortet: Das Individuum überlebte oder eben nicht.

Und heute? Da nehmen die allermeisten Stressreaktionen einen anderen Verlauf. Zum einen, weil fast niemand physisch gefressen wird. Zum anderen, weil im Alltag ein Stressor auf den anderen folgt (zu spät aufgestanden, Bus verpasst, zu spät im Büro, Ärger mit dem Chef, Konflikt mit dem Kunden usw.). Und selbst dann, wenn wir einem Stressor hilflos ausgeliefert sind, geht es um drohende Folgen wie den Verlust von Ansehen, Stellung oder Geld, die meist längerfristig angelegt sind. Der Fokus der ursprünglich in uns angelegten Stressreaktion liegt auf dem akuten Überleben. In solchen lebensbedrohlichen Situationen war (und ist) es angemessen, negative Auswirkungen auf nur längerfristig relevante Funktionen in Kauf zu nehmen. Heute geht es in der Regel um Ärger, Frust und Bedrohungen ganz anderer Art. Da bekommen die längerfristigen Auswirkungen der Stressreaktion ein anderes, potenziell gesundheitsschädliches Gewicht, zumal dann, wenn mehrere solcher (kleineren) Reaktionen eng getaktet aufeinander folgen.

Längerfristige Stressfolgen

Die bekanntesten Nebenwirkungen von anhaltenden oder sich aufschaukelnden Stressdynamiken neben erhöhtem Blutdruck resultieren aus dem längerfristig erhöhten Cortisol. Cortisol führt unter anderem zu einer Erhöhung des Blutzuckers und einer Reduktion der Immunreaktionen. Damit erklärt man sich, dass chronischer Stress beispielsweise vermehrt mit Diabetes einhergehen kann. Der gleiche Mechanismus kann zudem häufigere Infekte, verzögerte Wundheilung und, unter bestimmten Voraussetzungen, auch eine höhere Quote einiger Krebserkrankungen erklären. Das Erkennen und Unschädlichmachen von „entarteten", sich nicht mehr im Sinne des umgebenden Gewebes normal entwickelnden Zellen (also Krebszellen), gehört zu den Standardaufgaben eines gesunden Immunsystems. Funktioniert dies weniger gut, erhöht sich die Wahrscheinlichkeit, dass sich Krebszellen ungehemmt vermehren können. Langfristig gesehen kann es aber zu einem Abfall der Cortisol-Ausschüttung kommen, was dann dazu führt, dass Entzündungsreaktionen im Körper nicht mehr angemessen ausgebremst werden und chronische Entzündungen (etwa im Magen-Darm-Bereich) ablaufen können. Wenn die Zellen der Nebennierenrinde, die Cortisol produzieren und ausstoßen, so stark überstrapaziert werden, dass sie absterben und das Organ atrophiert, also sich zurückbildet, dann ist dies schlussendlich nicht mehr mit dem Leben vereinbar. Allerdings passiert das nur in Extremfällen. Etwa wenn man Versuchstiere über lange Zeit mit Elektroschocks, mit zu enger Käfighaltung und durch ständige Verunsicherung existenziell stresst. Forscher waren und sind diesbezüglich sehr erfindungsreich. Im normalen menschlichen Leben, selbst wenn die Arbeitsbedingungen noch so unbefriedigend sein sollten, sind solche Konstellationen allein stressbedingt in Zukunft nicht zu erwarten.

☞ **DIE SCHLUSSFOLGERUNG** „Weil ich Stress im Beruf habe, habe ich Diabetes oder Krebs bekommen, die Firma ist schuld" greift zu kurz. Dazu hängen die genannten Erkrankungen (und viele andere, etwa Bluthochdruck) von zu vielen anderen Parametern ab: von den Erbanlagen, von der Ernährung, vom Bewegungsverhalten und einigem mehr.

Das bedeutet nicht, dass anhaltende Stresskonstellationen nicht entschärft werden müssen. Wer anhaltende Angst hat, Stressfolgeerkrankungen zu bekommen, der hat bereits dadurch – im Sinne einer selbsterfüllenden Prophezeiung – ein diesbezüglich erhöhtes Risiko. Stress und Angst (mit erheblichen inhaltlichen Überschneidungen) sind Signale, die zur Bewältigung auffordern. Diese Signale zu überhören, ist ungesund.

Bislang haben wir uns auf die auf Ebene des Körpers ablaufenden Stressreaktionen fokussiert. Gleichzeitig kommt es jedoch auch zu gravierenden psychologischen Phänomenen, nämlich zunächst einmal zu einer Einengung der Wahrnehmung auf den Stressor. Andere Aspekte im Leben, die davon ablenken und die Lebensqualität heben könnten, werden ausgeblendet oder einfach nicht mehr wahrgenommen. Ständige Anspannung, die Einengung von Lebensperspektiven, das Gefühl, einem Stressor gegenüber hilflos ausgeliefert zu sein und keine soziale Unterstützung zu haben: All das erhöht, vor allem wenn es länger anhält, das Risiko, die Symptomatik einer psychischen Störung, zum Beispiel eine Depression, zu entwickeln.

Folgen, die man überwinden kann

Zurück zum Normalfall: Da lernen Körper und Geist aus erfolgreicher Stressoren- beziehungsweise Problembewältigung. Das Spektrum von wirksamen Coping-Strategien vergrößert sich. Der betreffende Mensch wird auf diese Weise resilienter und damit immer fitter, wenn es um den Umgang mit Stressoren geht.

 WARUM RESILIENZ SO WICHTIG IST: Als Resilienz bezeichnen wir allgemein die Widerstandsfähigkeit eines Systems gegenüber Belastungen. In unserem Fall beinhaltet Resilienz die Fähigkeit eines Menschen, angemessen mit Stressoren umgehen zu können. Menschen mit hoher Resilienz verlieren dann auch in stressigen Phasen Lebenssinn und positive Dinge nicht aus den Augen und beziehen daraus wiederum Kraft, mit den Problemen umzugehen.

Stressbewältigung, so wie alles, was wir im Leben tun, hat Auswirkungen auf unser Gehirn und unsere Hormone. Wird beispielsweise wiederholt in ähnlichen Kontexten zunächst Noradrenalin ausgeschüttet, gefolgt von einem schnellen Abfall des Cortisols, dann werden die in diesem Kontext gebildeten Nervenverschaltungen stabilisiert. Offenbar funktionieren die angewendeten Strategien gut! Der Körper lernt und trainiert auf diese Weise erfolgreiche Reaktionsmuster. Das gibt Sicherheit und ist zunächst einmal gut so. Im Leben ist alles im Fluss. Wenn diese Sicherheit allzu groß wird, verringert sich als Nebeneffekt unsere Flexibilität, also die Wahrscheinlichkeit, im Zweifelsfall auch alternative Lösungen zu suchen und finden zu können.

Wenn allerdings nach einer akuten, mit Noradrenalin-Stoß einhergehenden Stressreaktion Cortisol noch längere Zeit hoch bleibt (was bedeutet, dass die angewendeten Coping-Strategien offenbar nicht gut funktioniert haben), dann werden Verschaltungen zwischen Nervenzellen im Gehirn destabilisiert. Das erhöht die Möglichkeiten, alternative Muster auszuprobieren. Auch die Verunsicherung angesichts einer noch ungelösten Situation hat somit ihre Entsprechung auf der Ebene des Gehirns. Die positive Seite der Verunsicherung ist so gesehen, dass sie die Flexibilität bei der Problemlösung erhöht. Das funktioniert allerdings nur, solange es nicht zu einer Blockade des gesamten Systems („Totstellreflex") kommt.

IDEAL WÄRE: Sich regelmäßig mit potenziell lösbaren Stressoren zu konfrontieren und etwas länger anhaltende Stressreaktionen nicht zu vermeiden. Beides ist nötig, um im Coping-Training hinreichend flexibel zu bleiben. Eine Totalvermeidung von Stress – soweit das überhaupt möglich ist – führt unvermeidlich zu einem zunehmend hilfloseren Organismus, der über immer weniger tragfähige Stressbewältigungsstrategien verfügt.

Zusammenfassend kann man festhalten: Stress in Maßen ist mindestens ebenso gesund und überlebenswichtig wie schädlich. „Nur kein Stress!" ist in unserer hektischen Zeit ein verständlicher, doch allzu frommer Wunsch. Ließe er sich auf einfache Weise kategorisch erfüllen, führte er zu immer höherer Empfindlichkeit neuen Stressoren gegenüber. Totale Stressvermeidung ist der Einstieg in einen Teufelskreis, der letztlich krank macht. Die Wahrheit liegt – wie meist – dazwischen: Stress kann man nicht besiegen und ausschalten. Es ist wie mit den Wellen auf dem Meer, die man auch nicht abstellen kann. Aber man kann darauf surfen, die Wellen reiten. Wer das tut und regelmäßig trainiert, hat ein gutes, souveränes Gefühl und zudem viel Spaß. Das kann man sicher nicht immer haben, aber immer öfter.

Auf dem Weg in den Burnout?

Unser Blick auf Stress hat sich stark verändert. Das liegt auch an Veränderungen unserer Lebensumstände.

Ein zentraler Aspekt unserer Kulturgeschichte ist, dass sich der Mensch dank technischer Fortschritte von natürlichen Gegebenheiten emanzipiert hat. Künstliches Licht verlängert den Tag, geheizte und klimatisierte Arbeitsräume lassen uns die Jahreszeiten (fast) vergessen. Räumliche Distanzen können wir dank neuer Verkehrsmittel physisch schnell, in der Kommunikation online sogar augenblicklich überwinden. Der Arbeit sind somit keine natürlichen Grenzen mehr gesetzt, was die Möglichkeiten von Fortschritt und Wachstum exponentiell erhöht– dabei absehbar aber auch viele Menschen erheblich überfordern kann. Die seit dem ausgehenden 18. Jahrhundert die Welt erobernde Industrialisierung war der Motor dieser Entwicklung. Neben den Vorteilen (Güter können kostengünstig produziert werden, immer mehr Menschen können sich das leisten, was früher nur einigen wenigen vorbehalten war) wurden auch die Nebenwirkungen der Industrialisierung und einer sich immer weiter beschleunigenden Welt schon früh gesehen.

☞ **INDUSTRIALISIERUNG BRINGT STRESS:** Philosophen und Politiker wiesen schnell auf die Auswirkungen der harten Industriearbeit auf die Menschen hin, wobei Karl Marx' Theorie der Entfremdung vermutlich am berühmtesten ist. Sechs Tage in der Woche, mehr als zehn Stunden am Tag: Da hatte der hart schuftende Arbeiter weder Zeit noch Kraft, politisch wirksam auf seine katastrophale Situation hinzuweisen.

Zu diesem Zeitpunkt nannte man das Problem noch nicht Stress, und doch war es für viele Menschen genau das. Umgekehrt: Die Muße, seiner Befindlichkeit nachzuspüren zu können, war und ist ein Privileg der Bessergestellten. Man muss es sich leisten können, erschöpft zu sein!

Neurasthenie – der Burnout-Vorläufer

Aus den beschriebenen Gründen waren Stress beziehungsweise daraus resultierende Symptome zunächst ein in höheren Gesellschaftsschichten erlebtes Phänomen. Es ist deshalb kein Zufall, dass der Neurologe George Miller Beard (1839–1883), ein Arzt, der Menschen aus der gehobenen New Yorker Society behandelte, in den Jahren um 1870 die Neurasthenie entdeckte. Wirtschaft und Technik entwickelten sich in rasantem Tempo. Da blieb es nicht aus, dass sich

Menschen überfordert und erschöpft fühlten. Die Symptome, mit denen Patienten die Praxis von George Miller Beard aufsuchten, waren vielfältig: „Allgemeines Krankheitsgefühl, Schwäche aller Körperfunktionen, schlechter Appetit, anhaltende Kraftlosigkeit … , flüchtige Nervenschmerzen, Hysterie, Schlaflosigkeit, Hypochondrie, Abneigung gegen regelmäßige und anhaltende geistige Tätigkeit, starke, kräftezehrende Kopfschmerzattacken" und andere, ähnliche Symptome. Als Ursache dieser Symptome vermutete Beard: „Menschen, genauso wie Batterien, brauchen Kraftreserven, und Menschen, genauso wie Batterien, lassen sich nach der Größe dieser Reserve bewerten." Die Nerven der bessergestellten Bürger schienen regelrecht überlastet zu sein. Der Zustand wurde als „neurasthen" bezeichnet, ein aus dem Altgriechischen stammendes Wort, das so viel wie „nervenschwach" bedeutet.

 COLA GEGEN NERVENSCHWÄCHE: Zur Behandlung der Neurasthenie wurden einerseits Schonung und viel Zeit, sich zu regenerieren, verordnet. Bei Sanatoriumsaufenthalten ging es um Ruhe, Spaziergänge in frischer Luft, gute Ernährung (weil sie so nahrhaft ist: viel Butter!). Andererseits gab es gezielte Maßnahmen, wie etwa elektrische Anwendungen, die dem Körper Energie zuführen sollten, oder Medikamente wie Cola, die (damals noch mit Kokain-Anteil) als Neurasthenie-Medikament von einem Apotheker in Chicago erfunden wurde.

George Miller Beard reiste zu dieser Zeit nach Europa, hielt gefeierte Vorträge und regte Ärzte in Deutschland und Österreich an, sich auch um Neurasthenie und die Einrichtung entsprechender Behandlungsmöglichkeiten zu kümmern. Die Nachfrage war enorm, Neurasthenie wurde in der Zeit um 1900 zu einem viel diskutierten Phänomen.

Der Erste Weltkrieg änderte alles, es wurde still um die Neurasthenie. Das Grauen hatte andere Dimensionen angenommen, man hatte zwar enormen Stress, aber Geld und Zeit, sich um eine Neurasthenie zu kümmern, hatte praktisch niemand mehr. Erschöpfung muss man sich, so die bittere Wahrheit, leisten können. Erst in den Jahren um 1970 hatte sich die westliche Welt wieder konsolidiert. Es herrschte Wohlstand und das Wirtschaftswachstum schien keine Grenzen zu kennen. Und auch der Blick konnte sich wieder dem Thema Stress zuwenden.

Wenn die Energieflamme erlischt

Burnout war lange Zeit ein technischer Begriff, bezogen etwa auf ausgebrannte Kernbrennstäbe. Als psychisches beziehungsweise psychosomatisches Phänomen wurde Burnout von Herbert Freudenberger, einem 1926 in Frankfurt/Main geborenen sozial engagierten Psychologen und Psychoanalytiker entdeckt. 1974 publizierte er den Aufsatz „Staff Burn-out" im „Journal of Social Issues", in dem er Burnout mit einem prägnanten Bild vorstellte: „Wer je ein ausgebranntes Haus gesehen hat, der weiß, wie verheerend so etwas ist!" Herbert Freudenberger war ein fleißiger Mensch. Jeden Tag behandelte er zehn Stunden lang Patienten, anschließend war er ehrenamtlich tätig, etwa indem er Projekte für Menschen aus sozialen Randgruppen betreute. Mit der Zeit wurde es ihm alles zu viel.

Die Symptome, die er in seinem Aufsatz beschrieb, hatte er allesamt bei sich selber beobachtet, vor allem eine Erschöpfungssymptomatik. Ärzte konnten für seine erheblichen körperlichen Beschwerden keine Erklärung finden: „Gefühl der Verausgabung, Müdigkeit, Infektanfälligkeit, häufige Kopfschmerzen, Magen-Darm-Probleme, Schlaflosigkeit und Kurzatmigkeit ..." Zudem fiel Herbert Freudenberger auf, dass es ihm immer weniger möglich war, in Besprechungen freundlich und konstruktiv zu bleiben. Im Gegenteil: Der sonst so beherrschte Psychotherapeut war nun oft zynisch-distanziert. Seine ehemals hohe Kreativität war deutlich reduziert. Die Differentialdiagnose einer depressiven Erkrankung war für ihn kein Thema. Vielmehr war ihm klar, dass die belastenden Arbeitsbedingungen an seinem Problem, das er „Burnout" nannte, schuld waren. Burnout wurde also von einem Betroffenen entdeckt. Was war geschehen, wie war der zuvor so aktive und gesunde Herbert Freudenberger in diesen bezeichneten Zustand geraten?

Als Psychoanalytiker hatte er zunächst versucht, sich selber über Tonbandaufnahmen zu analysieren. Das Ergebnis seiner originellen Selbstanalyse war, dass Burnout-Betroffene nicht neurotisch oder psychisch krank sind: „Burnout-Betroffene brauchen keine Psychotherapie, sondern bessere Arbeitsbedingungen!" Selbst als Therapeut suchte und fand Herbert Freudenberger die Gründe für sein Problem außerhalb seiner eigenen Person. Das war und ist menschlich, oft aber nicht der Weisheit letzter Schluss. In einfachen Interviews wurde deutlich, dass seine exzessive Arbeit eben auch finanzielle Sicherheit garantierte, die er als ehemaliger Flüchtling aus dem Dritten Reich nicht hatte. Dass er bedürftige Menschen unterstützen wollte, so wie er seinerzeit Unterstützung erfahren hatte, macht ihn ungemein sympathisch. Bewusst waren ihm die Gründe seines Handelns indes offenbar nur bedingt. Da Burnout keine psychische Erkrankung sei, die auf in der Person liegende „Mängel" verweisen könnte, ist der Begriff nicht stigmatisierend. Die empirisch nicht haltbare Hypothese, wonach Burnout nur besonders engagierte Menschen treffe, hat offenbar einen selbstwertstärkenden Aspekt. Bis heute erleben viele Betroffene Burnout bisweilen fast wie eine Auszeichnung: Im Gegensatz zu anderen hätten sie sehr viel gearbeitet. Leider zu viel.

> **EIN FRAGEBOGEN ZUM BURNOUT:** Die Psychologin Christina Maslach führte Burnout in die empirische Forschung ein, indem sie einen Fragebogen entwickelte. Im Maslach Burnout Inventory (MBI) wird Burnout als dreidimensionales Phänomen aufgefasst: emotionale Erschöpfung, Depersonalisierung (hohe emotionale Distanz zu anderen Menschen) sowie reduzierte persönliche Leistungsfähigkeit. Das MBI und ähnliche Fragebögen wurde seit den 1980er-Jahren weltweit eingesetzt.

Methodisch sind Burnout-Fragebögen problematisch. In den einzelnen Fragen werden Symptome und deren vermutete Ursachen gemeinsam abgefragt: „Von meiner Arbeit fühle ich mich ausgebrannt." Diese Vermischung von Symptom-Erfassung („fühle mich ausgebrannt") und der subjektiven Erklärung dafür („von meiner Arbeit") führt dazu, dass die erhobenen Ergebnisse wenig Aussagekraft haben und jeweils sowohl mit Depressionsfragebögen als auch etwa mit (geringer) Berufsmotivation korrelieren. Dies sowie das Fehlen von Referenzwerten aus repräsentativen Stichproben führt dazu, dass die Ergebnisse solcher Umfragen zumeist ergeben, dass in etwa ein Drittel der Befragten „besonders belastet" sei. Was das konkret bedeutet, bleibt ohne Referenzwerte offen.

Was letztlich dahinter steckt

Inhaltlich ist das hinter Burnout vermutete biologische Geschehen sehr ähnlich dem, was George Miller Beard seinerzeit für die Neurasthenie angenommen hat. Wenn Nerven und Gehirn durch anhaltenden Stress überstrapaziert werden, dann liegt in Analogie zu Batterien nahe, dass wir in einen ausgelaugten, energielosen Zustand geraten sind. Das Batteriemodell ist in dieser plakativen Form sicher falsch. Auffälligkeiten des Gehirns oder des hormonellen Systems, die quasi die Burnout-Symptomatik abbilden würden, konnten bisher nicht nachgewiesen werden. Einige der erhobenen Befunde erinnern an Depressionen, Hinweise auf chronischen Stress fanden sich sowieso, aber bei vielen Betroffenen fand sich auch gar nichts. Und ganz grundsätzlich: Eindeutig auf Burnout hinweisende, diagnostisch spezifische Symptome oder Symptomkonstellationen gibt es nicht! Burnout ist demzufolge bis heute keine als solche anerkannte Erkrankung oder Diagnose, sondern ein „subjektives Störungsmodell". Wenn sich ein Mensch ausgebrannt fühlt, dann ist er es! Womit er nicht krank sein muss, aber sein könnte. Etwa die Hälfte aller Menschen in Deutschland, die sich hochgradig im Burnout fühlen, erfüllen die Diagnosekriterien einer Depression; von denen, die sich nur hochgradig ausgebrannt fühlen (der englische Begriff wird offenbar eher als Fachbegriff empfunden), ist es etwa jeder fünfte. So oder so: Burnout-Erleben ist ein dringender Hinweis darauf, dass die Lebensqualität reduziert ist und die individuelle Situation oder die Stressbewältigung verbessert werden muss.

In den Flow kommen

Wir fühlen uns zunehmend gestresst, überfordert und überlastet. Doch kann Stress auch sehr positive Folgen haben.

Neurasthenie und Burnout werden oft als negative Folgen von Dauerstress beziehungsweise anhaltendem Dis-Stress interpretiert. Dass Stress unter bestimmten Bedingungen aber auch zu Glückszuständen führen kann, ist weniger populär. Dieser positive Stress wird vor allem mit dem Flow-Begriff verbunden. Das Flow-Phänomen wurde von dem ungarischen Psychologen Mihály Csíkszentmihályi erforscht und vielfach beschrieben. Mihály Csíkszentmihályi beschäftigte sich mit der Frage, was Menschen erleben, „wenn es wirklich gut läuft". Wie gelingt es Menschen, gleichermaßen maximal leistungsfähig zu sein und dabei positive Lebensenergie zu fühlen? Seine wichtigste Erkenntnis: „Wie beim Dichten geht es während des Kletterns nicht um das fertige Produkt. Es geht darum, im Fließen zu bleiben, den Fluss der Tätigkeit fortzuführen."

> ☞ **DAS GUTE GEFÜHL:** Vielleicht kennen Sie das: Sie arbeiten an der Lösung einer schwierigen, aber nicht unlösbaren Aufgabe, organisieren oder lernen etwas für Sie Neues und Spannendes. Irgendwie geht die Arbeit plötzlich wie von selbst. Von der Anstrengung, die mit der Tätigkeit verbunden ist, keine Spur. Im Gegenteil, aus der Tätigkeit selbst scheint Ihnen Energie zuzufließen, sie fühlen sich eben einfach im Flow. Falls Ihnen das bekannt vorkommt: Wann und wo haben Sie den Flow zuletzt erlebt?

Mihály Csíkszentmihályi hat in zahlreichen Untersuchungen die Voraussetzungen herausgearbeitet, die erfüllt sein müssen, um in den Flow zu geraten. Aus Sicht der jeweiligen Person geht es darum, dass man sich intensiv darauf konzentriert, was man tut und mit allen Gedanken dabei ist. Man geht in den Aufgaben vollständig auf. Denken und Handeln sind eins, keine „innere Stimme" relativiert, was man macht. Man hat ein Gefühl der Kontrolle und ist sicher, es schaffen zu können. Während man im Flow ist, nimmt man die Zeit anders wahr: Sie vergeht wie im Fluge und ist gleichzeitig sehr intensiv.

Was passieren muss, damit alles „fließt"

Flow ist nicht in jedem Fall zu erreichen. Entscheidend ist, dass die Aufgabe den Fähigkeiten einer Person gerade noch angemessen und herausfordernd ist. Zu einfache Aufgaben langweilen nur. Angesichts zu schwerer Aufgaben resigniert man schnell. Wenn man eine Aufgabe als lästige Pflicht ansieht, ist Flow-Erleben, selbst wenn alles gut läuft, ausgeschlossen. Umgekehrt: Wenn die

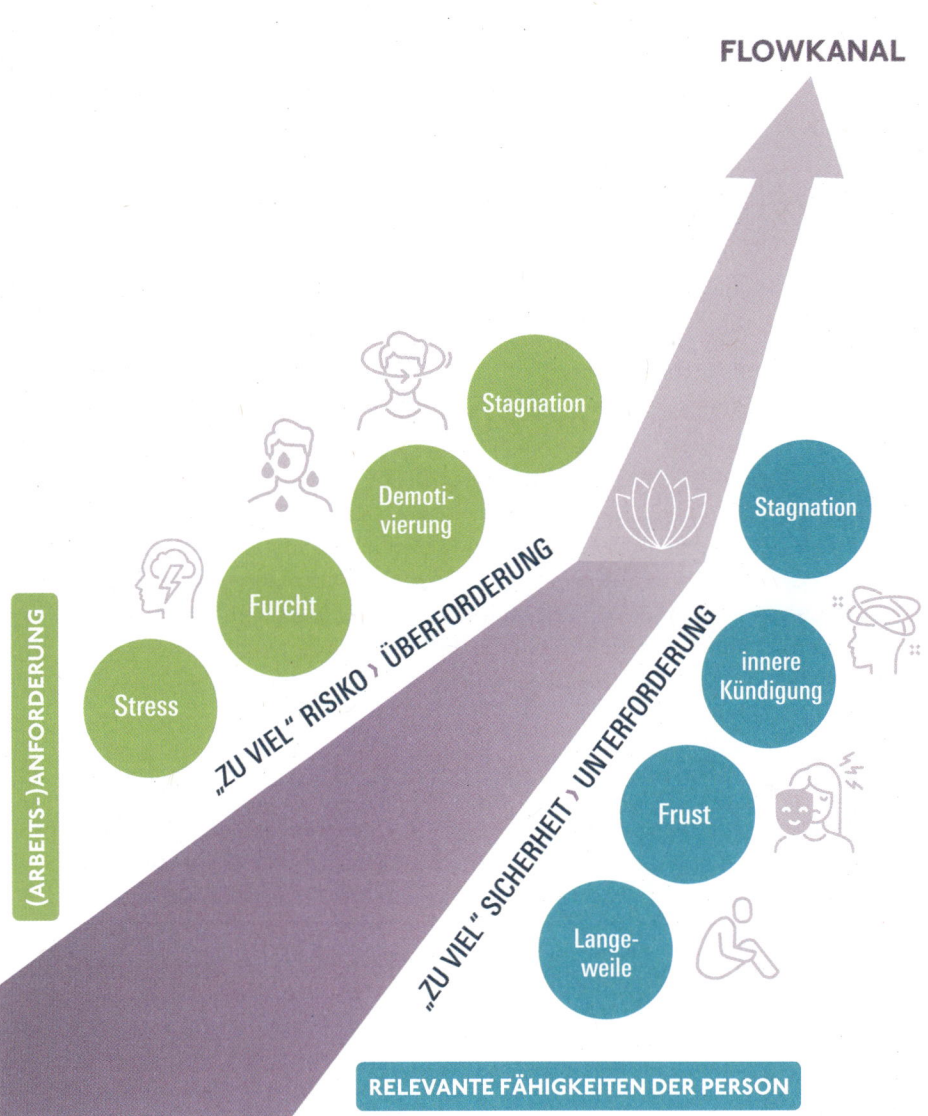

Rahmenbedingungen stimmen, also eine Aufgabe zwar schwierig, aber zu bewältigen und die diesbezügliche Motivation hoch ist, sind Flow-Konstellationen fast zu erwarten. Da braucht es dann auch kein Extralob vom Kunden oder vom Chef mehr, auch wenn beides natürlich stets wünschenswert ist. Die Belohnung liegt in der Tätigkeit sowie dem Lösen der Aufgabe selbst.

☞ **IN DEN FLOW-KANAL KOMMEN:** Mit dem Bild des Flow-Kanals können wir visualisieren, in welchem Bereich wir in den Flow kommen können. Oberhalb des Flow-Kanals liegen die Bereiche von Überforderung, darunter die von Unterforderung und Langeweile. Beide Ebenen sorgen für Dis-Stress, denn hier gibt es kein Erleben von Sinn, Erfüllung und Selbstwert, das die Belastungen durch die Arbeit auffangen oder sogar überwiegen würde.

Flow-Konstellationen kennen wir nicht zuletzt aus dem Bereich des Sportes. Der Flow sorgt dafür, dass man härter trainiert und ständig dazu lernt. Das führt indes auch dazu, dass die Herausforderungen, die nötig sind, um ins Flow-Erleben zu kommen, immer größer werden. Das ist einerseits leistungsfördernd, kann aber problematisch werden, wenn beispielsweise beim freien, ungesicherten Klettern immer größere Risiken eingegangen werden, bis hin zu lebensgefährlichen Konstellationen. Abgesehen davon sind Flow-Konstellationen jedem und jeder zu wünschen!

Was hindert Sie daran, im Alltag und im Beruf regelmäßig Flow-Erlebnisse zu haben? Das Flow-Phänomen unterstreicht unsere bereits oben begonnenen Überlegungen: Totale Stressvermeidung, im Sinne von „Stress, nein danke!" ist angesichts von zu viel Stress ein nachvollziehbarer Wunsch. Wenn sich dieser auf wunderbare Weise erfüllen würde, dann wäre es letztlich eine Horrorvision. Das Ideal liegt dazwischen, vorzugsweise dort, wo man sich in einen Flow-Kanal begibt.

VON 180 AUF GANZ ENTSPANNT!

Kein Stress ist auch keine Lösung.
Eher im Gegenteil. Aber wie macht
man aus negativem positiven Stress?

Die Evolution schafft Realitäten

Unser Körper setzt uns beim Stressabbau natürliche Grenzen. Damit müssen wir lernen umzugehen.

Von 180, also aus maximalem Stress, fast sofort auf ganz entspannt? Angesichts von Stresskonstellationen in der heutigen Arbeits- und Lebenswelt, von Konflikten im Privatleben oder wo auch immer in der Welt ist dieser Wunsch mehr als verständlich. Wie ein Formel-1-Rennwagen, nur umgekehrt. Auf den Punkt volle Leistung abliefern und anschließend sofort wieder die Ruhe selbst sein, ganz bei sich. Ein Traum!

Stress reduzieren, ohne dabei aus der Kurve zu fliegen? Wenn Sie tatsächlich von 180 Stundenkilometern abrupt auf 0 abbremsen würden: Was würde passieren? Kann das funktionieren? Wie gesund wäre das (für das Auto und für Sie)? Denken Sie an unser Bild von den Stresswellen, auf denen wir surfen wollen. Wenn ein Surfer versuchen sollte, einen souveränen Wellenritt abrupt abzubremsen, dann würde er das nur schaffen, indem er vom Brett spränge. Elegant sieht anders aus und je nachdem, wo er gerade ist, ist auch das nicht ungefährlich. Sofortige totale Stressreduktion ist oftmals weder sinnvoll noch wirklich machbar.

Die Auto- und Surfbeispiele sind hier nicht beliebig gewählt. Sie verweisen darauf, dass dynamische Systeme immer auch physikalischen Gesetzen unterliegen, die berücksichtigt werden müssen. Unser autonomes Nervensystem ist unter Lebensbedingungen entstanden, in denen eine möglichst schnelle Stressreaktion mit allen psychischen und physischen Aspekten (siehe S. 22) überlebenswichtig war. Ein zu schnelles Abklingen hätte gefährlich werden können. Denn ist die Gefahrensituation wirklich schon vorbei? Oder tut der Säbelzahntiger nur so, als wolle er verschwinden, um dann eine plötzliche Wendung zu machen?

Angesichts solcher in früheren Zeiten häufigen Konstellationen hat sich unser körpereigenes Stresssystem im Laufe der Evolution zu dem entwickelt, was es heute ist.

Dazu kommt eine gewisse Trägheit im hormonellen System unseres Körpers im Hinblick auf die Produktion und Ausschüttung der Stresshormone und ihrer Wirkungen. Die einmal ausgeschütteten Hormone müssen erst abgebaut und die von ihnen ausgelösten Reaktionen abgeklungen sein. Auf Ebene des Körpers kann das einige Minuten dauern, auf Ebene der Psyche, der Gedanken und Gefühle – etwa wenn wir uns ärgern – auch erheblich länger, was dann wiederum körperliche Stressreaktionen stimuliert.

Nichtsdestotrotz: Heute leben wir unter anderen Bedingungen als unsere Vorfahren in der Steinzeit. Ein sofortiges Abklingen von Stress, quasi auf Knopfdruck, wäre nun häufig wünschenswert und würde vermutlich einen Überlebensvorteil darstellen. Diese Vorteile lägen etwa in einem niedrigeren Blutdruck und Blutzucker, was unsere Chancen auf ein langes und gesundes Leben vergrößern würde. Auch könnten wir unsere Kraftressourcen effizienter nutzen. In einer Leistungsgesellschaft ein klarer Wettbewerbsvorteil. Vielleicht setzt sich ein solches Stressabbaumuster irgendwann in der weiteren Evolution durch, was aber noch einige Jahrtausende dauern kann. Wir müssen uns wohl oder übel mit dem zufrieden geben, was im Rahmen unserer heutigen physiologischen und psychologischen Grundausstattung möglich ist.

Gehen wir also davon aus, welche Möglichkeiten unser Organismus konkret bietet. Nur auf dieser Grundlage können wir zumindest mit einigen Stressoren erheblich entspannter umgehen. Akzeptanz – wir werden ihr im Laufe dieses Buches wiederholt begegnen – ist eine ganz besonders elegante Form der Stressbewältigung!

 AKZEPTANZ KANN HELFEN: Akzeptanz ist keine problemorientierte Stressbewältigung, schließlich wird das Problem nicht gelöst und der betreffende Sachverhalt nicht verändert. Bei hinreichender Akzeptanz eines Problems kommen aversive, also unangenehme Emotionen gar nicht oder in reduzierter Intensität auf. Achtsamkeit ist somit eine emotionsorientierte Bewältigung, die direkt an den Wurzeln der Stressdynamik ansetzt.

Sicher: Akzeptanz ist angesichts lebensbedrohlicher Stressoren nicht empfehlenswert. Auch bei Problemen, die mit vertretbarem Aufwand inhaltlich lösbar sind, ist Akzeptanz nicht sinnvoll. In fast allen anderen Fällen ist Akzeptanz eine elegante und wirksame Form der Stressbewältigung (siehe S. 170). Akzeptanz mag theoretisch einfach und überzeugend sein, praktisch ist sie leider oftmals eine erhebliche Herausforderung. Überlegen Sie selbst: Wie leicht fällt es Ihnen, problematische Gegebenheiten, die nicht lebensbedrohlich sind, aber auch nur mit einem den Nutzen übersteigenden Aufwand zu verändern wären, zu akzeptieren?

Stress und Stressoren bewusst wahrnehmen

Wie kann man nun aus massivem Stress heraus möglichst kurzfristig entspannen? Je stärker eine Stressreaktion ist, umso länger dauert das „Herunterkommen" und umso schwieriger ist es. Physiologische Abläufe lassen sich in der Regel nicht auf einem gesunden Weg ausbremsen. Einfache Tricks und Tipps gibt es nicht. Um im Rahmen des Möglichen eine zeitnahe Stressreduktion zu erreichen, sollte es deshalb zunächst darum gehen, sich anbahnende Stressreaktionen frühzeitig als solche zu erkennen. Wenn dies gelingt, kann schnell und erfolgversprechend reagiert werden, sodass ein weiterer Anstieg verhindert und eine Entspannungsphase eingeleitet werden kann.

Wie können Sie aber rechtzeitig und hinreichend sensibel bemerken, ob Sie im Stress sind? Falls Sie glauben sollten, dass das doch jeder sofort bemerkt, weil wir alle wissen, wie sich Stress anfühlt, dann ist das leider zu optimistisch gedacht. Individuelle Stressreaktionen und -symptome als solche angemessen wahrzunehmen, ist absolut nicht selbstverständlich. Klar ist nur: Irgendwann kommt fast jeder Mensch an eine Grenze und merkt, dass die eigene Belastbarkeit am Ende ist. Eben diese Grenze erleben Menschen in unserem westlichen Kulturkreis oft im Sinne von „Ich habe zu viel Stress!". Das Problem dabei ist das „Irgendwann".

In unserem Körper gibt es kein eingebautes Stresserkennungssystem. Unter Normalbedingungen spüren wir weder den Noradrenalin- noch den Cortisol-Anstieg (siehe S. 31). Konkret registrieren wir einen Anstieg der Herzfrequenz und der Muskelanspannung, etwa als „Druck auf der Brust". Gleichwohl bewerten wir solche Phänomene meist erst dann als Stresssymptome, wenn wir sie in der betreffenden Situation als unangemessen, unangenehm oder gar bedrohlich wahrnehmen.

STRESSWAHRNEHMUNG WIRD GELERNT: Ob und ab wann wir Stresssymptome registrieren, hängt entscheidend von unserer Sozialisierung ab. Ab unserer frühen Kindheit findet eine Art beiläufiges Training statt, indem unsere Eltern mit uns intensiv und immer wieder unsere Befindlichkeiten reflektieren, bewerten, dabei in Worte fassen und uns anregen, darüber zu kommunizieren.

Etwa so: „Du hast aber wieder wild getobt! Merkst du, wie dein Herz heftig schlägt? Wenn du die Hand darauf hältst, kannst du es auch spüren." Und noch etwas einfühlsamer: „Sicher, ihr habt getobt ... aber hast du dich nicht auch mit Michael gestritten? Hattet ihr viel Stress miteinander?" Solche Gespräche sind sehr wertvoll, um Kindern und Jugendlichen zu ermöglichen, sich als Persönlichkeit zu entwickeln. Sie lernen, eigene Stärken und Schwächen und eben auch die Auswirkungen der jeweiligen Situation und ihres Handelns als solche wahrzunehmen, zu benennen und zu kommunizieren. Dabei wird die Aufmerksamkeit auch auf den eigenen Körper und seine Reaktionen gelenkt. Ohne dieses schrittweise Heranführen an den Umgang mit körperlichen Symptomen bleiben Gefühle und Körperwahrnehmung eine diffuse Angelegenheit. Dabei werden jeweils zunächst die Begriffe und Muster übernommen, die unsere Eltern bereits pflegten. Vom harten „Reiß dich zusammen, es ist nicht so schlimm! Was dich nicht umbringt, macht dich stark!" bis zum ängstlich-besorgten „Bloß keinen Stress, das wäre sicher schlimm für dich, mein liebes Kind".

Auf diese mehr oder weniger sensible Weise haben wir gelernt, unsere Körpersignale wahrzunehmen und zu interpretieren: „Das muss in der Schule für dich wieder sehr anstrengend gewesen sein! Hattet ihr viel Stress? Du bist ja noch ganz blass im Gesicht und siehst ziemlich angespannt aus." Können Sie sich an entsprechende Gespräche in Ihrer Kindheit erinnern? Hatten Sie das Glück, Ihnen zugewandte, mit Ihnen gemeinsam Ihre Person und Ihre Befindlichkeiten reflektierende Eltern zu haben? Eltern, die Ihnen bei alledem das Gefühl gegeben haben, wichtig und richtig zu sein? Idealerweise haben wir dabei so etwas wie Selbstbewusstsein und Selbstwert entwickelt, was es uns ermöglicht, unsere Fähigkeiten angemessen einzusetzen. Wenn Sie solche Erfahrungen machen durften, werden Sie mit unseren „Vier Fragen an Ihren Stress" (siehe S. 52) wenig bis keine Probleme haben. Wenn Sie nicht so viel Glück hatten, muss das nicht zwangsläufig heißen, dass Sie weniger nette und weniger

Die Evolution schafft Realitäten

VIER FRAGEN AN IHREN STRESS

Stress ist ein komplexes, auf körperlicher und auf psychischer Ebene ablaufendes Phänomen. Woran merken Sie es?

Im Bereich Ihres Körpers: Woran merken Sie, wenn Sie im Stress sind?

_____
_____
_____

Im Bereich Ihres Verhaltens: Woran merken Sie, wenn Sie im Stress sind?

_____
_____
_____

Im Bereich Ihrer Gedanken: Woran merken Sie, wenn Sie im Stress sind?

_____
_____
_____

Im Bereich Ihrer Gefühle: Woran merken Sie, wenn Sie im Stress sind?

_____
_____
_____

Wenn Ihnen die Antworten auf diese Fragen schwer fallen: Auf Seite 55 werden exemplarische „Warnzeichen für Stress" aufgeführt, die Ihnen weiterhelfen könnten. Wenn Ihnen spontan wenig ein- bzw. aufgefallen sein sollte, dann bitte in den nächsten Tagen gezielt darauf achten! Dazu kann man ein „Stresstagebuch" führen (siehe S. 105).

gute Eltern hatten. Es hängt immer auch davon ab, in welcher sozialen Umwelt man aufwächst. Viele der in Deutschland in der unmittelbaren Nachkriegszeit geborenen Menschen, zumal die der „Baby-Boomer Generation", sind unter Bedingungen aufgewachsen, in denen die Prioritäten weniger auf dem individuellen Wohlbefinden lagen als heute.

Wie unser Gehirn trainiert wird

Abgesehen von stärksten akuten Schmerzen und anderen extremen Zuständen nimmt man vor allem das wahr, was man kennt und wofür man Worte und Begriffe hat. Kommunikationssituationen in der Kindheit werden abgespeichert, unser Gehirn wird trainiert, Körperreaktionen, Gedanken und Gefühle sensibel wahrzunehmen. Das geht mit einer realen Vermehrung von intensiver miteinander vernetzten Nervenzellen in den entsprechenden Bereichen des Gehirns einher, was wiederum eine wichtige physiologische Grundlage von Lernprozessen ist. Da wir kein eingebautes, objektive Werte anzeigendes Stressmesssystem haben, kommt dem, was wir als „normal" annehmen, zentrale Bedeutung zu. Ein Beispiel: Wenn man ein paarmal die Treppe rauf und runtergelaufen ist, dann ist ein hoher Puls, Schwitzen und vielleicht sogar das Gefühl von Erschöpfung für die meisten von uns „normal". Es sei denn, Sie sind trainierter Langstreckenläufer. Dann kann die identische Körperreaktion für Sie zu einem Warnsignal werden: „Bei so geringer Belastung schon ein hoher Puls? Da kann doch etwas nicht stimmen!" Bereits dieser Gedanke bedeutet unmittelbar Stress! Was für uns normal ist, ist neben unserer Veranlagung vor allem das Ergebnis unserer Lerngeschichte. Stressreaktionen, die wir in einer bestimmten Situation als „normal" erleben, bleiben in aller Regel unter unserem Radar. Es sei denn, wir achten bewusst darauf. Bei Menschen, die unter der Prämisse „Reiß dich zusammen" aufgewachsen sind, liegt die Messlatte, ab der Stresssymptome wahrgenommen werden, deutlich höher als bei Menschen, die in ihrer Kindheit eng umsorgt waren und deren Eltern bemüht waren, jede Unannehmlichkeit von ihnen fernzuhalten. Idealkonstellationen liegen dabei – wie so oft – in der Mitte. Stressreaktionen erst zu bemerken, wenn man einen Herzinfarkt erlitten hat, ist fatal. Sich angesichts von Alltagsproblemen maximal gestresst und handlungsunfähig zu fühlen, ist es letztlich auch.

Stresskonstellationen schnell erkennen

Um mit Stress möglichst entspannt umgehen zu können, ist es wichtig, dass Sie merken, wenn Sie im Stress sind.

Wie im zweiten Kapitel (siehe S. 14) dargelegt, ist Stress ein komplexes, auf körperlicher und auf psychischer Ebene ablaufendes Phänomen. Deshalb ist es wichtig, seine eigenen Stresssymptome zu kennen und als solche rechtzeitig zu bemerken. Dabei hilft es die vier Fragen zunächst einmal in Ruhe für sich zu beantworten. Sie können dazu auch ein Stresstagebuch führen, wie Sie es auf Seite 105 finden. „Jetzt soll ich auch noch ein Tagebuch führen. Das macht noch mehr Stress... ich lese das Buch doch, um weniger Stress zu haben." Falls das Ihre spontane Reaktion auf den Stresstagebuchvorschlag sein sollte: Verständlich, aber anders funktioniert es langfristig leider nicht. In allen Bereichen muss man zunächst Zeit, Energie oder Geld investieren, um etwas zu gewinnen. Sich diffus „im Stress" zu fühlen bedeutet letztlich, dass konkrete Stresswarnsignale übersehen wurden. Wer seine Stressmerkmale erst wahrnimmt, wenn er sich einer Situation hilflos ausgesetzt fühlt, hat schlechte Karten, wieder in einen entspannten Zustand zu kommen. Wer langfristig seinen Stress reduzieren will, kommt nicht darum herum, seine individuellen Stressmerkmale früh genug zu erkennen, um davon ausgehend wirksame Stressbewältigung betreiben zu können. An der Reduktion Ihrer Stressmerkmale merken Sie schließlich auch, ob die eingesetzten Bewältigungsstrategien erfolgreich waren.

 STRESS IST KEINE ÜBERRASCHUNG: Stress ist, abgesehen von den Säbelzahntiger-Situationen, keine Momentaufnahme, sondern ein Kontinuum. Entsprechend gibt es Frühwarnzeichen, die sich bereits bei leichtem Stress bemerkbar machen. Andere treten erst auf, wenn die Stressreaktionen mindestens mittelgradig ausgeprägt sind. Schließlich gibt es Stresssymptome, die quasi die höchste Alarmstufe und maximalen Stress anzeigen.

WARNZEICHEN FÜR STRESS

IM BEREICH ...	FRÜHWARN-ZEICHEN	MITTLERE ALARMSTUFE	HOHE ALARMSTUFE
IHRES KÖRPERS	Nervosität, innere Unruhe, starkes Schwitzen, trockener Mund, schnelle Erschöpfung ...	Probleme beim Einschlafen, anhaltendes Schwächegefühl und hohe Ermüdbarkeit, gehäufte Infektionen, häufige Blähungen, Zuckungen der Lippe, des Augenlides oder der Hände	häufige Kopfschmerzen, Ein- und Durchschlafstörungen, anhaltend starke Rücken- oder Gliederschmerzen, Sodbrennen, Brechreiz, Magenschmerzen, häufige Gefühle von Atemnot, anhaltender Schwindel (jeweils ohne medizinische Erklärung)
IHRES VERHALTENS	nervöses Gestikulieren, schnelleres bzw. hastigeres Sprechen oder Nuscheln, häufigeres Versprechen, erhöhte Reizbarkeit ...	reduzierte Leistungs- oder Konzentrationsfähigkeit, schnelles Aus-der-Haut-Fahren (auch ohne Ursachen), Zunahme von „kleinen Unfällen", zunehmender Konsum von „Beruhigungsmitteln" (siehe S. 74)	sozialer Rückzug, Vermeidung von als belastend erlebten Situationen, Selbstmedikation ...
IHRER GEDANKEN	erhöhte Aufmerksamkeit und/oder Wachheit, Gedanken wie „Es könnte schwierig werden!"	Fahrigkeit, Konzentrationsprobleme, Unentschlossenheit, Vergesslichkeit, Konzeptionslosigkeit, Gedanken wie „Ob ich das schaffe?"	sozialer Rückzug, Vermeidung, Gedanken wie „Das schaffst Du nie!", „Du hättest Dich nie in die Situation begeben dürfen, es war doch klar, dass Du es nicht schaffen kannst ..."
IHRER GEFÜHLE	Gereiztheit, zunehmender „Druck" im Kopf ...	Gefühl der Überforderung, Launenhaftigkeit, depressive Gedanken, Schuld- oder Schamgefühle ...	Wutanfälle, Resignation, Gefühle von Einsamkeit und Wertlosigkeit, „Alles-Egal"-Gefühle ...

Was sind Frühwarnzeichen?

Um Ihre eigenen Stressmerkmale kennen zu lernen, hilft es, Situationen zu definieren, die für Sie geringen, mittelgradigen und hohen Stress bedeuten und jeweils darauf zu achten, welche Merkmale in welcher Situation auftreten. Da Stresssymptome individuell verschieden sein können, bleibt Ihnen letztlich nichts anderes übrig, als sich selbst diesbezüglich zu erforschen. Dazu ist es sinnvoll, die Frühwarnzeichen, die mittlere Alarmstufe sowie die hohe Alarmstufe in vier Bereichen zu kennen: Körper, Verhalten, Gedanke und Gefühle (siehe S. 55). Haben Sie sich in den Beispielen wiedergefunden? Vielleicht auch nur ein bisschen? Dann haben die Beispiele bereits ihren Zweck erfüllt .

> UNTERSCHIEDLICHE STRESSTYPEN: Unsere Reaktion auf Stress ist so individuell, wie wir es als Persönlichkeiten sind. Einige Individuen lieben Stress und tun alles, damit bloß keine Langeweile aufkommt („sensation seekers"). Andere wiederum versuchen, mit Unsicherheit und möglichen unangenehmen Aspekten einhergehende Situationen um jeden Preis zu vermeiden („harm avoidance").

Auf dieser Grundlage findet unsere individuelle Lerngeschichte statt. Je mehr Sie potenzielle Stresssituationen vermeiden, umso sensibler werden Sie Stresssymptome wahrnehmen und umgekehrt. Wenn Eltern ständig über Bauch- und Rückenschmerzen klagen, ist die Wahrscheinlichkeit hoch, dass unter solchen Bedingungen aufwachsende Kinder ihre Aufmerksamkeit später auch eben darauf fokussieren. Welche Stressmerkmale bei Ihnen in den vier Rubriken stehen, welche Sie als Früh-, Mittel- und Spätsymptome bewerten, spiegelt somit nicht zuletzt auch Ihre Lebens- und Lerngeschichte.

Wichtig ist: Das Ergebnis ist weder gut noch schlecht, es gibt hier kein Richtig oder Falsch. Es geht ausschließlich darum, dass Sie als Individuum in der Lage sind, Ihre Stressreaktionen sensibel zu registrieren, um angemessen reagieren zu können. Seine Stresssymptome zu kennen ist zwar noch nicht die Lösung des Stressproblems, aber es ist eine Voraussetzung dafür, angemessene Lösungen finden zu können. Ausgehend davon: Was hält Sie ab, die eigene Wahrnehmung zu trainieren und zu sensibilisieren? Ziel ist es, ein Gefühl für sich selbst in unterschiedlichen Stresssituationen zu bekommen. Ein

Stresstagebuch zu führen, in dem die jeweilige Situation skizziert und Ihre Reaktionen in den vier Dimensionen notiert werden, bietet sich diesbezüglich an.

Stress wahrnehmen und einschätzen

Sie würden Ihre Stressmerkmale ja gern als solche wahrnehmen, aber irgendwie funktioniert es nicht? Sie sind schon so verspannt, dass Sie fast alles als maximalen Stress wahrnehmen oder gar nichts mehr fühlen?

 DER STRESSDETEKTOR: Erinnern Sie sich an den Lügendetektor, der in alten Spielfilmen zu sehen ist? Und wenn der Verdächtige auf die Frage „Wo waren Sie zum Tatzeitpunkt?" mit einer Lüge antwortet, dann piepst das Gerät und der Kommissar weiß, wer der Täter ist! Ganz ähnlich kann man auch beim Erkennen von Stress vorgehen, die Reaktionen beim Lügen sind letztlich nichts anderes als Stressreaktionen.

Lügendetektoren messen physiologische Reaktionen des Körpers: Blutdruck, Puls, die Leitfähigkeit der Haut für Strom (die unmittelbar mit der Schweißproduktion zusammenhängt) oder auch die Muskelanspannung. Wenn im Rahmen einer Stressreaktion der Sympathikus aktiv wird, steigen all diese Parameter an. Zwischenzeitlich wurde die Methode erheblich verfeinert. Zwar glaubt niemand mehr, dass man mit ihr ganz einfach Täter überführen kann, doch man kann sie gut nutzen, um Körpersignale aufzuzeigen. Oft ist es so, dass Menschen sich etwa für „ganz entspannt" halten, die Kurven aber etwas ganz anderes zeigen. Zu Beginn eines Stresstestes sind idealerweise alle Parameter (Schweißsekretion, Blutdruck, Muskelanspannung) ziemlich niedrig, die Kurven finden sich entsprechend im unteren Bereich. Dann wird ein Stresstest durchgeführt, etwa: „Bitte zählen Sie in Siebenerschritten von 600 rückwärts!" Wenn der Versuchsleiter diese Aufforderung zusätzlich noch emotional anreichert, etwa mit dem fiesen Hinweis: „Machen Sie auf keinen Fall Fehler, Sie sind schließlich eine intelligente Person!", passiert das, was Sie im mittleren Teil der Kurve sehen: Alle Parameter steigen an. Wenn man den Test für beendet erklärt, kehren sie wieder in den

BIOFEEDBACK NUTZEN

Bei einer Biofeedback-Sitzung können Sie lernen, Ihre Stressmerkmale wahrzunehmen. Dafür werden Körpersignale gemessen und auf einem Bildschirm angezeigt.

Ruhephase: Die Person ist ganz entspannt, Muskelanspannung und Puls sind niedrig.

Stressphase: Zum Beispiel wenn Rechenaufgaben gelöst werden müssen oder bei Konfliktgesprächen, Muskeltonus und Puls steigen umgehend an.

Regenerationsphase: Wie schnell reduziert sich nach einer Stressphase Ihre körperliche Anspannung? Auch das kann gemessen werden.

Ausgangsbereich zurück. Unser Leben beinhaltet viele Stresstests anderer Art. Wenn man beispielsweise einen Menschen über seine letzten Stresserlebnisse, wie etwa Konfliktgespräche am Arbeitsplatz, berichten lässt, kann man erfragen, welche Stressmerkmale dabei wahrgenommen wurden. Dann schaut man sich gemeinsam die während seines Berichtes aufgezeichneten Kurven auf dem Bildschirm an und kann abgleichen, wie groß die Übereinstimmung mit den dort registrierten Phänomenen ist. Wenn diese eher niedrig ist, kann man seine Wahrnehmung beispielsweise im Rahmen einer Biofeedback-gestützten Psychotherapie trainieren. Darüber hinaus kann man auch objektiv zeigen, inwieweit bei einer Person Entspannungstechniken funktionieren.

Stress im Hier und Jetzt reduzieren

Die gute Nachricht vorab: Sie verfügen bereits über ziemlich gute Antistress-Strategien.

Die eigenen, bereits etablierten Fähigkeiten und Möglichkeiten, mit Stress umzugehen („Coping"), zeigen sich am prägnantesten an Belastungssituationen, die man bereits bewältigt hat. Wenn Sie über Situationen nachdenken, die für Sie hochemotional und belastend waren, welche fallen Ihnen spontan ein? Es können auch mehrere sein, zum Beispiel: ein Beinahe- oder auch ein realer Unfall mit dem Pkw. Eine Situation, in der Sie an Leib und Leben bedroht wurden. Eine Konfliktsituation, in der Sie verbal „niedergemacht" wurden, Trennungen, eine Kündigung ...

In solch massiven Stresssituationen ist in Ihnen etwa das abgelaufen, was im zweiten Kapitel (siehe S. 22) beschrieben wurde. Parallel zum emotionalen Stresserleben wurden in Ihrem Körper massiv Adrenalin, Nordadrenalin und Cortisol ausgeschüttet. Eben deshalb waren Ihre Muskeln angespannt, Ihr Herz schlug schneller, Ihre Blutgefäße wurden enger und Ihr Blutdruck stieg und stieg. Für den

Fall, dass Sie keinerlei Stressbewältigungsstrategien gehabt hätten, wären Sie mindestens paralysiert bis bewusstlos zusammengebrochen. Oder es wäre noch dramatischer gekommen. Angesichts der eskalierenden Stressreaktion hätte irgendwann ihr Herz versagt oder ein Blutgefäß wäre geplatzt. Egal ob Herzinfarkt oder Schlaganfall, beides hätte lebensbedrohliche Folgen für Sie gehabt. Irgendetwas werden Sie also getan haben, bewusst oder unbewusst, um eine solch fatale Entwicklung abzuwenden. Schauen wir uns ausgehend davon einmal an, welche Coping-Strategien viele Menschen in akuten Stresssituationen einsetzen.

Stressreduktion erzwingen?

Nein, das können wir nicht! Gefühle lassen sich nicht direkt beeinflussen, auch wenn der Konsum von Drogen das bisweilen suggeriert. Auch Entspannung kann man nur auf indirektem Wege erreichen. Tatsächlich kann niemand vorsätzlich einen Muskel entspannen. Wenn Sie es versuchen, werden Sie merken: Einen Muskel kann man nur anspannen oder nicht anspannen. Eine Dehnung eines Muskels ist darüber hinaus immer nur passiv möglich, indem Sie den jeweiligen Gegenspieler-Muskel anspannen.

Ebenso verhält es sich mit den Gefühlen, Sie können kein „entspanntes Gefühl" erzwingen. Bestenfalls können Sie die Voraussetzungen dafür schaffen, dass sich ein solches Gefühl einstellt. Das Dreieck aus „Handeln – Gedanken – Fühlen" veranschaulicht diese Tatsache: Um Entspannung und positive Gefühle erleben zu können, bedarf es entsprechender Handlungen, wozu auch eine Lenkung der eigenen Gedanken gehört (siehe Seite 62).

Coping können wir auf Verhaltensebene mit körperlichen, über unsere Muskeln umgesetzte Handlungen praktizieren. Eine bedrohliche Situation ließe sich problemorientiert lösen, indem man einen Angreifer mit einem Schlag, vorsätzlich oder auch quasi reflektorisch, abwehrt und in die Flucht schlägt. Wir könnten aber auch versuchen, mit dem Angreifer zu kommunizieren, oder um Hilfe rufen. In unserer zivilisierten Welt läuft Coping demgegenüber oftmals emotionsorientiert ab, etwa indem wir unsere Gedanken in eine bestimmte Richtung lenken und etwas tun, was für uns beruhigenden Charakter hat. All diese Strategien, so unscheinbar sie sein mögen, sind, wenn es sich nicht um real lebensbedrohliche Situationen handelt, selbst in schwierigen Situationen wirksam. Garantiert! Man bringt sich damit zwar nicht von 180 auf 0 km/h, aber einige Stundenkilometer entspannter wird man sicher. Im Bild des Stresswellen-Surfens ermöglichen die genannten Strategien, dosiert eingesetzt, die Surfgeschwindigkeit zu kontrollieren. Die Stresswellen reißen einen dann nicht einfach um.

Versuchen Sie, sich an eine Ihrer „maximal stressigsten Situationen" zu erinnern: Welche dieser Strategien haben Sie angewendet? Welche dieser Strategien gehört zu Ihrem Standardrepertoire angesichts von Stresssituationen? Wenn es Ihnen schwer fällt, das zu beschreiben, versuchen Sie, sich in der nächsten Stresssituation genauer zu beobachten und Ihre Reaktion anhand der vier Punkte zu bilanzieren: Wahrnehmungsumlenkung, spontane Erleichterung, Abreaktion, positive Selbstgespräche. Da man auf Stressoren nicht „nicht reagieren" kann, wird mit an Sicherheit grenzender Wahrscheinlichkeit etwas aus der Liste dabei gewesen sein ... Darüber hinaus noch einmal der Hinweis auf das Stresstagebuch (siehe S. 105). Selbst wenn Sie es nur ein paar Tage führen, ist es ein sicheres Gefühl, etwas schwarz auf weiß zu haben. Und Sicherheit ist eine wirksame Antistress-Strategie!

> **VOM WERT DES SELBSTGESPRÄCHS:** „Positive Selbstgespräche" sind sicher eine der wichtigsten kurzfristig wirksamen Stressbewältigungsstrategien. Schon deshalb, weil sie langfristig wirken und weil in ihnen „Selbstwirksamkeit" und „Selbstsicherheit" zum Ausdruck kommen. In einem positiven Selbstgespräch mache ich mir bewusst, welche Fähigkeiten und Fertigkeiten ich habe. Das ist ein echter Ego-Booster!

Selbstgespräche können aber auch zusätzlich stressen, es ist letztlich ein schmaler Grat. Wenn Ihnen im Konflikt mit einem Vorgesetzten der Gedanke „Nur ruhig, du bist schon mit schwierigeren Situationen fertig geworden!" kommt, dann ist das regelrechte Antistressmedizin! Umgekehrt können Gedanken wie „Du bist völlig unfähig für den Job, du schaffst das nie ..." hochpotente Stressoren sein, die eine ansonsten vielleicht unangenehme, aber harmlose Situation in eine Megastress-Krise verwandeln. Weil Selbstgespräche, positive wie negative, derart potent sind, werden wir uns damit intensiver beschäftigen (siehe S. 61). Hier geht es zunächst einmal nur darum zu registrieren, welche spontanen Stressbewältigungs-

POSITIVE GEFÜHLE UND ENTSPANNUNG

Beides ist nicht auf direktem Weg erreichbar. Nur über bestimmte Handlungen, wozu die Lenkung Ihrer Gedanken gehört, können Sie die Grundlage schaffen.

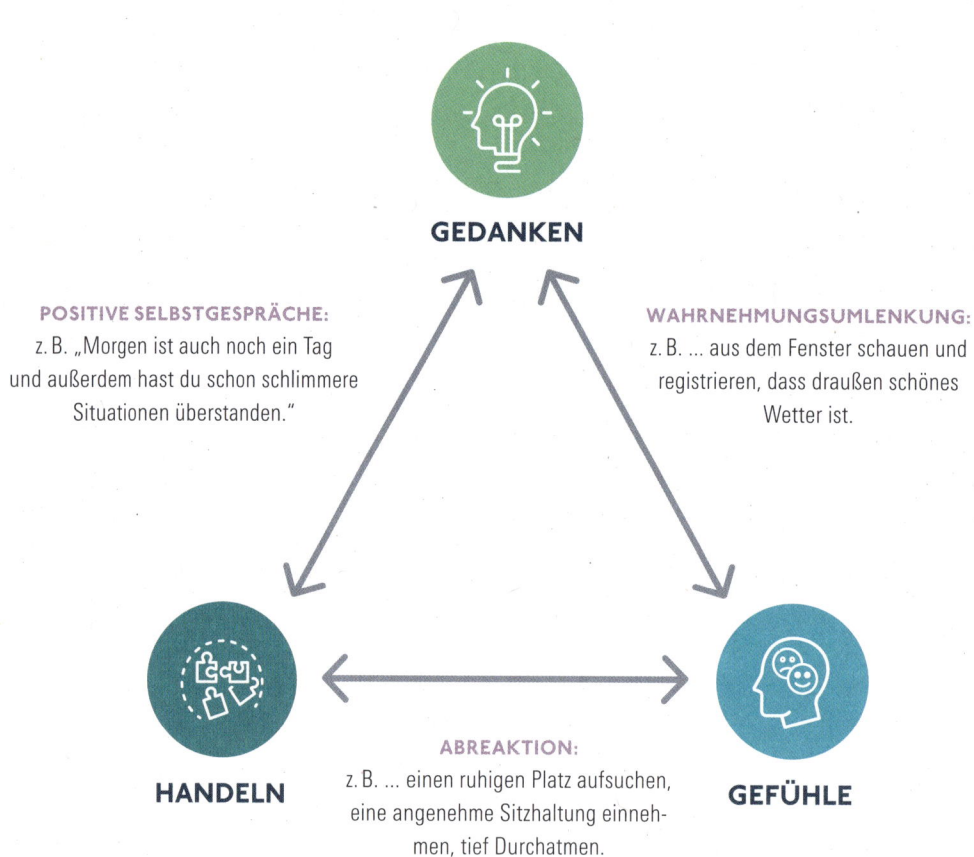

GEDANKEN

POSITIVE SELBSTGESPRÄCHE:
z. B. „Morgen ist auch noch ein Tag und außerdem hast du schon schlimmere Situationen überstanden."

WAHRNEHMUNGSUMLENKUNG:
z. B. ... aus dem Fenster schauen und registrieren, dass draußen schönes Wetter ist.

HANDELN

ABREAKTION:
z. B. ... einen ruhigen Platz aufsuchen, eine angenehme Sitzhaltung einnehmen, tief Durchatmen.

GEFÜHLE

strategien (insbesondere auch auf der Ebene von Gedanken) Sie üblicherweise anwenden, und dann darum, besonders wirkungsvolle Strategien vermehrt und gezielter einzusetzen. Also zum Beispiel in Konfliktsituationen zunächst einmal tief durchzuatmen und sich bewusst machen, dass es nicht die erste Situation dieser Art ist, die man erlebt.

Wie Entspannung funktionieren kann

Wer mehr vom Leben haben will, braucht Strategien, um längerfristig Ruhe bewahren zu können.

Im vorangegangenen Abschnitt war von kurzfristig wirksamen Stressbewältigungsstrategien die Rede, die oftmals als so selbstverständlich angesehen werden, dass sie in vielen Büchern zum Thema Stressbewältigung nicht vorkommen. Für mehr Ruhe im Leben brauchen wir darüber hinaus langfristig wirksame Strategien. Wenn heute von Entspannungstechniken gesprochen wird, dann sind üblicherweise Verfahren wie das Autogene Training oder die Progressive Muskelentspannung gemeint. Es gibt viele Studien, die belegen, dass diese Verfahren Menschen zumindest in bestimmten Belastungskonstellationen tatsächlich helfen und die generelle Gesundheit fördern. Wie Entspannungsmethoden funktionieren: Menschen haben keine eingebaute Bremse, weder was die Muskulatur noch was das vegetative Nervensystem und schon gar nicht was seelische Spannungen anbelangt. Wir können zwar unsere Muskelbewegungen aktiv beschleunigen und damit „Gas geben". Aktiv bremsen können wir jedoch nur dadurch, dass wir bestimmte Muskeln nicht mehr und dafür deren Gegenspieler anspannen. Das zu koordinieren ist nicht einfach, weshalb wir es als Kinder erst lernen müssen.

DAS NERVENSYSTEM BESCHLEUNIGT UND BREMST:
Hier sind die Gegenspieler Sympathikus und Parasympathikus verantwortlich. Die Grundeinstellung des vegetativen Nervensystems justiert sich ständig neu. Da unser Tag-Nacht-Rhythmus nicht mehr durch den Lauf der Sonne bestimmt wird und wir nach Belieben die Nacht zum Tag machen können, kommt es zu erheblichen Irritationen. Ständig muss unser Organismus Anpassungsleistungen bringen, was für ihn eben „stressig" ist.

Wieso feiern wir trotzdem manchmal gern eine Nacht durch, auch wenn das Stress bedeutet? Das liegt daran, dass die Realität unseres Körpers und das, was wir als attraktiv erleben und für problemlos halten, oftmals nicht deckungsgleich sind. Das ist grundsätzlich nicht schlimm. Stress hält jung, trainiert das System und kann, wenn man die Stresswellen als Herausforderung und nicht als Zumutung erlebt, Spaß machen.

Weder Schlaf noch Entspannung lassen sich erzwingen: Um schlafen zu können, wird das sympathische Nervensystem heruntergeregelt. Puls, Blutdruck und auch die Körpertemperatur reduzieren sich. Ohne darüber nachdenken zu müssen, sind wir ganz entspannt und schlafen ein. Trotzdem schlafen wir bisweilen schlecht, obwohl wir doch alles tun, um besser schlafen zu können. Niemand kann sich direkt und willentlich entspannen und einschlafen. Wer unbedingt einschlafen will, etwa weil er befürchtet, dass der nächste Tag sonst eine einzige Quälerei wird, der erreicht das genaue Gegenteil. Schlafen wollen und nicht können ist Stress pur. Unter solchen Stressbedingungen wird Schlaf unmöglich. Im Tagesverlauf verändern sich die Aktivitäten des vegetativen Nervensystems und damit unsere Grundanspannung. Wenn wir nach dem Mittagessen müde werden, hängt das unmittelbar damit zusammen, dass unser Parasympathikus gerade aktiv mit der Steuerung der Verdauungsvorgänge beschäftigt ist. Parallel dazu reduziert sich die Aktivität des Sympathikus. Wir werden müde. Es müsste in dieser Konstellation schon ein sehr gewichtiger Stressor auftreten, um plötzlich hellwach zu sein. Auch nach der Mittagszeit sind wir zunächst einmal nicht so fit, wie wir es am früheren Vormittag waren und am späteren Nachmittag wieder sein werden. Alles, was wir einerseits als Stressreaktionen, andererseits als Entspannung erleben, spielt sich somit auf der Grundlage unseres durch den Wechsel von Anspannungs- und Entspannungsphasen charakterisierten Biorhythmus ab.

Sinn und Zweck von Entspannungstechniken ist es, die Voraussetzung dafür zu schaffen, dass Entspannung möglich wird. Das geschieht über möglichst attraktive und plausible Rituale. Entscheidend ist, dass sich die Abläufe trainieren lassen, was mit etwas Übung dazu führt, Entspannung leichter abrufbar zu machen. Im Folgenden werden die bekanntesten Entspannungstechniken vorgestellt und deren Hintergründe skizziert.

Am Anfang aller Entspannung: Bewusstes Atmen

Alle Entspannungstechniken beginnen und enden mit bewusstem Ein- und Ausatmen. Aus dieser Erkenntnis haben sich verschiedene „Atemtherapien" entwickelt. Entspannte und gleichzeitig effiziente Atmung ist vorzugsweise die Zwerchfellatmung. Das bogen- bzw. kuppelförmig unterhalb der Lunge befindliche, am unteren Rand des Brustkorbes fixierte Zwerchfell ist ein Muskel. Wenn sich dieser zusammenzieht, flacht sich die Kuppel ab. Die Lunge ist durch ein Vakuum am Zwerchfell „befestigt" und wird dadurch ausgedehnt, Luft wird durch die Nase und die Atemwege aufgenommen. Wenn sich das Zwerchfell zusammenzieht, werden zudem die darunter liegenden Bauchorgane ein Stück weit nach unten gedrückt, was als Bauchatmung imponiert. Ausatmung geschieht dann passiv, indem sich der Zwerchfell-Muskel entspannt und sich die Lunge, die ein elastisches Organ ist, zusammenzieht. Dadurch wird das Zwerchfell wieder in die ursprüngliche Position „hochgezogen".

> **ENTSPANNTE ATMUNG IST NASE-BAUCH-ATMUNG:**
> Beim Einatmen, wenn Luft durch Nase und Atemwege einströmt, wölbt sich der Bauch ein Stück weit vor. Beim Ausatmen wird er flacher, was man auch durch Auflegen einer Hand unmittelbar spüren kann. Im Ruhezustand sollte der Ausatemvorgang etwa doppelt oder auch dreimal so lange dauern wie das Einatmen. In Stresssituationen sind beide etwa gleich lang.

Klingt einfach, ist es für gestresste Menschen jedoch nicht, da diese nicht nur mit dem Zwerchfell, sondern mit dem ganzen Brustkorb atmen. Letzterer besteht aus den an der Wirbelsäule mit Gelenken und Bändern fixierten Rippen, zwischen denen sich wiederum Muskeln befinden. Zudem gibt es noch die Nacken und die Schultermuskulatur, die – je angespannter man ist – auch in den Atmungsablauf involviert werden. Vermehrte Brustatmung geht mit flacherer und schnellerer Atmung einher, also dem Gegenteil von Entspannung.

Alle Entspannungstechniken setzen eine stabile, Entspannung ermöglichende Körperhaltung voraus. Man kann ausgestreckt liegen oder etwa den „Kutschersitz" einnehmen. Da wir im Berufsleben zumeist sitzen, erleichtert der Kutschersitz die Übertragung von Übungen in den Alltag. Dabei sitzen Sie mit leicht vorgebeugtem, ausbalanciertem (also nicht angelehntem) Oberkörper und auf dem Schoß aufliegenden Unterarmen. Die Knie sind in etwa rechtwinklig angewinkelt, die Fußsohlen stehen flach auf dem Boden auf. Idealerweise gönnt man sich etwas Zeit, um sich in dieser Haltung einzufinden und zunächst einmal nur die Atmung zu beobachten. Atmen Sie ein und aus und spüren Sie wie sich das Zwerchfell anspannt und entspannt. Wenn Sie Ihre Aufmerksamkeit nun auf Ihren Atem richten, haben Sie bereits einen wichtigen Schritt in Richtung Entspannung gemacht. Die Gedanken sind nicht bei irgendwelchen Problemen, sondern bei Ihnen und Ihrer Atmung. Atmen Sie tief und regelmäßig, etwa zehn Mal pro Minute, ein und aus. Achten Sie bewusst und wohlwollend auf Ihren Körper, auf die durch die Nase einströmende Luft und den sich hebenden und senkenden Bauch. Es kann sein, dass als Nebenwirkung zunehmender Entspannung gelegentlich Muskelverspannungen heftiger auftreten oder intensiver als solche wahrgenommen werden als sonst. Im Kopf beginnen sich Gedanken zu regen, einige angenehme, aber auch solche, die man eigentlich nicht haben möchte. Wenn es gelingt, zumindest letztere ziehen zu lassen (siehe S. 79), nimmt das Atmenüben bereits eine über Entspannung hinausgehende meditative Qualität an.

Progressive Muskelentspannung

Für Menschen ohne Vorerfahrungen mit Entspannungsverfahren ist die Progressive Muskelentspannung nach Edmund Jacobson am einfachsten zu erlernen. Der amerikanische Arzt (1888–1983) hatte beobachtet, dass viele Erkrankungen mit einer erhöhten muskulären Anspannung einhergehen. Ausgehend davon entwickelte er Techniken, mit denen diese Anspannung reduziert werden kann. Nachdem Edmund Jacobsen zunächst versuchte, an bis zu 30 Muskelgruppen Anspannung und Entspannung einzeln zu üben, beschränken sich die heute praktizierten Verfahren auf wenige Muskelgruppen. Das ist einfacher zu erlernen und ebenso wirksam. Üblicherweise werden derartige Entspannungsverfahren in Kursen, anhand von Büchern oder mit Audioprogrammen gelernt und trainiert.

> **WORUM GEHT ES?** Das Kernelement sind fünf Phasen, die jeweils auf unterschiedliche Muskelgruppen hin ausgerichtet werden: Hinspüren, Anspannen, Spannunganhalten, Loslassen und Nachspüren. Zur Vorbereitung nehmen wir eine entspannte Grundhaltung ein, so wie bereits mit dem Kutschersitz beschrieben. Dann folgt die Anwendung bzw. Übung der fünf Phasen auf verschiedene Körperregionen.

Der hier skizzierte Ablauf der Entspannung hat sich etabliert. Legen Sie das Buch für einen Moment zur Seite und probieren es aus (siehe S. 68/69)! Diese Übungen beziehen den ganzen Körper mit ein. Wenn Sie weniger Zeit haben, gibt es Kurzformen, die sich auf wenige Muskelgruppen fokussieren. Diese können zum Beispiel auch in kurzen Arbeitspausen durchgeführt werden. Progressive Muskelentspannung ist, wie alle Entspannungsverfahren, kein Trick, um sich aus hoher Anspannung in Entspannung zu katapultieren. Dass die Übungen zunächst einmal nicht oder zumindest subjektiv nicht befriedigend „funktionieren", ist fast der Normalfall. Machen Sie sich hier keinen Extrastress!

Ein Problem ist, dass viele Menschen Progressive Muskelanspannung dann zu lernen versuchen, wenn sie massiv unter Druck stehen und unbedingt Entspannung brauchen. Bereits das erhöht die Anspannung derart, dass man den Zugang zu den Nuancen der eigenen Befindlichkeit nur schwer findet. Idealerweise erlernt man eine Entspannungstechnik, wenn man emotional den Rücken frei und Zeit hat zu experimentieren. Erfolgserlebnisse führen dann schnell dazu, dass man sich als „Entspannungsprofi" erlebt, was wiederum die Abläufe und Ergebnisse erheblich erleichtert. Wer täglich mindestens ein Mal, besser zwei Mal, progressive Muskelentspannung übt, mindestens eine Woche lang, bekommt in der Regel ein erstes (meist gutes) Gefühl dafür, ob und wie er davon profitieren kann.

DIE PROGRESSIVE MUSKELENTSPANNUNG

Vielleicht ist diese Entspannungstechnik etwas für Sie? Steigen Sie langsam ein und starten Sie mit den Händen und Armen.

1 Suchen Sie sich einen ruhigen Raum, in dem Sie sicher nicht gestört werden. Setzen Sie sich bequem auf einen Stuhl, beide Füße stehen fest auf dem Boden auf. Schließen Sie Ihre Augen und legen Sie die Hände locker auf die Oberschenkel. Atmen Sie ruhig und tief ein und aus. Dabei beobachten Sie, wie sich Ihre Bauchdecke beim Einatmen hebt und beim Ausatmen senkt.

2 Nun machen Sie mit der rechten Hand eine Faust, die Sie mit starker Anspannung schließen und geschlossen halten. Sie halten die Anspannung für fünf bis zehn Sekunden. Linkshänder starten diesen Teil der Übung natürlich mit der linken Hand.

3 Dann beenden Sie die Anspannung und atmen dabei bewusst aus. Sie öffnen nun die Faust und lassen Hand und Arm etwa 30 Sekunden entspannt herunterhängen. Dem Unterschied zwischen der Anspannung und der soeben eingetretenen Entspannung gilt es nachzuspüren.

4 Anschließend wiederholen Sie die Übung, nun mit der linken beziehungsweise der rechten Hand. Nach Händen und Armen folgen Übungen der Gesichtsmuskulatur und dann, von oben nach unten, der anderen Körperregionen.

Ein üblicher (nicht vollständiger) Ablauf sieht in etwa wie folgt aus:

Stirn: Ziehen Sie nun Ihre Augenbrauen nach oben, runzeln Sie kräftig die Stirn.

Augen und Nase: Sie schließen fest beide Augen und rümpfen die Nase.

Lippen und Kiefer: Pressen Sie die Lippen fest aufeinander, drücken Sie dann die Zunge an den Gaumen.

Nacken und Hals: Neigen Sie den Kopf, jeweils mit kräftiger Anspannung der Hals- und Nackenmuskulatur, nach rechts und dann nach links.

Schultern: Sie ziehen nun fest Ihre Schultern hoch. Gesäß- und Beckenbodenmuskulatur werden angespannt, so fest wie möglich.

Rechter Oberschenkel: Heben Sie das Bein an. Rechter Unterschenkel: Ziehen Sie Ihre Fußspitze nach oben.

Rechter Fuß: Krümmen Sie die Zehen nach innen. Und nun desgleichen mit dem linken Ober- und Unterschenkel sowie dem linken Fuß.

Und? Welcher Entspannungstyp sind Sie?

Vorab: Den idealen Weg, Entspannungstechniken zu üben, gibt es nicht. In Volkshochschulen und Kliniken gibt es in der Regel einen professionell geschulten Trainer, der die Übungen vorstellt und mit ruhiger Stimme die Kursteilnehmer anleitet. Vielen Menschen hilft eine freundlich-wohlwollende Stimme von außen, in die Übungen hinein und zu sich selbst zu finden. Man kann sich auf die Stimme konzentrieren und sich von ihr leiten lassen. Eigene, auch unangenehme Gedanken bleiben dabei im Hintergrund. Andere Menschen stört die Anleitung durch eine solche Stimme erheblich. Schließlich will man selbstbestimmt, im eigenen Tempo und mit den Übungen, die einem zusagen und am besten helfen, zur Entspannung kommen.

> **UND WELCHER TYP SIND SIE?** Sind Sie jemand, der sich von der Stimme einer Trainerin leiten lässt, weil diese Sicherheit und Struktur gibt? Oder sind sie eher jemand, der die Reihenfolge und die Zeiten für die einzelnen Übungen bestimmen möchte und eine Stimme von außen als störend empfindet? Letztlich gilt wie immer: Das Setting, das Ihnen am besten liegt, ist für Sie das richtige!

Wichtig (und in Kursen leider immer wieder zu beobachten): Entspannungstrainings sind kein Leistungssport. Ob es dem einen oder dem anderen Teilnehmer schneller und intensiver gelingt, in einen Entspannungsmodus zu kommen, als Ihnen, ist absolut egal! Es kommt einzig darauf an, dass Sie durch die jeweiligen Übungen einen Zugang finden, der es Ihnen erlaubt, in Ihren eigenen Entspannungsmodus zu gelangen.

Wie tief diese Entspannung dann wird, ist insofern ebenfalls egal, als jeder angestrengte Versuch, dies direkt zu verbessern, zum Gegenteil, also in die Anspannung führt. Mit etwas Übung stellt sich oft recht schnell eine Art Entspannungsgewissheit und schon beim Gedanken an eine bestimmte Übung ein Entspannungsgefühl ein. Wenn Sie das erreicht haben, haben Sie auch die Paradoxie von Entspannung verstanden und einen angemessenen Umgang damit gefunden.

Autogenes Training

Das Autogene Training wurde vom Berliner Psychiater und Psychoanalytiker Johannes Heinrich Schultz (1884–1970) entwickelt. Er hatte in einer Praxis Hypnose als Therapiemethode kennen gelernt und leitete daraus die „konzentrative Selbstentspannung" im Sinne einer Selbsthypnose ab. 1932 publizierte er dazu ein Buch, in dem er beschrieb, wie Zustände tiefer Entspannung, aber auch beispielsweise Wärme und Schwere von Gliedmaßen mithilfe der Vorstellungskraft erreicht werden können. Autogenes Training besteht demnach aus drei Stufen, die nacheinander zu erlernen sind. Zentral dabei sind kurze Formeln, die stets im gleichen Wortlaut genutzt werden sollen, um die damit einhergehenden Körperreaktionen zu konditionieren und sie unmittelbar abrufbar zu machen. Die Grundstufe des Autogenen Trainings fokussiert auf das vegetative Nervensystem. Mit Organübungen (früher als Mittelstufe bezeichnet) wird dann Einfluss auf die Funktionen einzelner Organe genommen.

 JEDE SITZUNG DES AUTOGENEN TRAININGS BEGINNT mit dem Erleben von Ruhe (Formel: „Ich bin ganz ruhig."), gefolgt vom Erleben der Schwere („Der rechte Arm ist ganz schwer.") und der Wärme („Beide Arme sind ganz warm."). Es folgt der Atem („Die Atmung ist ruhig und gleichmäßig.") sowie Übungen zum „Sonnengeflecht" („Das Sonnengeflecht/der Bauch ist strömend warm.") und zum Herzen („Das Herz schlägt ruhig und kräftig."), bevor die Aufmerksamkeit auf die Stirn gelenkt wird: Stirnkühle („Die Stirn ist angenehm kühl.").

Diese Übungen werden drei bis fünf Mal wiederholt. Jedes Training, das dreimal am Tag, zuletzt vor dem Einschlafen durchzuführen ist, wird durch „Zurücknehmen" beendet. Hierzu werden die Fäuste geballt und damit kräftig auf die Schultern geschlagen, bevor die Arme wieder entspannt werden und die Übung mit einem tiefen Atemzug, dem Aufreißen der Augen und einem kräftigen Laut beendet wird (letzteres entfällt vor dem Schlafengehen). Die Oberstufe zielt weit über Entspannungsaspekte hinaus darauf ab, im Sinne der Psychoanalyse durch formelhafte Vorsatzbildung unbewusste Bereiche zu erschließen, in dem Farben und Objekte visionär erscheinen, Gefühlszustände erlebt und andere aus dem Unterbewusstsein „aufsteigende" Phänomene beobachtet und analysiert werden.

Autogenes Training ist in der Durchführung anspruchsvoller als Progressive Muskelentspannung. Wenn Sie mehr wissen möchten, empfiehlt sich entsprechende Lektüre oder der Besuch eines Kurses. Es gilt den Phänomenen vor allem durch intensive Beobachtung und Einfühlung nachzuspüren, weshalb sich Erfolgserlebnisse, zumal bei zunächst unter Druck stehenden Menschen, oft langsamer einstellen.

Was ist mit Yoga und Co?

Wer Yoga liebt und regelmäßig praktiziert, für den ist Yoga ein guter Weg, sich zu entspannen. Aber sollten Sie Yoga ausschließlich deshalb erlernen, um sich zu entspannen? Dazu ist Yoga viel zu komplex, es ist ein Stück weit Lebensphilosophie, mit der man sich identifizieren sollte, um in den Genuss der Übung zu kommen. Yoga ist alles andere als ein „Trick", um sich schnell zu entspannen, sondern ein Weg, der zum Individuum in mehreren Hinsichten passen muss, um funktionieren zu können. Letzteres gilt übrigens für fast alle Betätigungen, die mit Hingabe und Verbindlichkeit gepflegt werden und damit eine Art persönliche Entspannungsverfahren sind. Das gilt von der Gartenarbeit bis zur Reparatur von alten Autos, vom Briefmarkensammeln bis zum Golfspielen, vom Tanzen und Musizieren bis zum Kochen. All das kann Sie in den Flow bringen, es sind Formen von Achtsamkeit die, wenn Sie diese Tätigkeiten als faszinierend oder auch erfüllend erleben, mindestens ebenso gut für Sie sind wie die hier vorgestellten Verfahren. Darüber hinaus haben solche Hobbys etwas mit Sinn und Identität zu tun.

Alkohol: Schnelles Entspannen?

Stressbewältigung mit Alkohol und Beruhigungsmitteln ist zunächst ganz einfach, so einfach und jedem bekannt, dass das in diesem Buch nicht unerwähnt bleiben kann. Die meisten Menschen unseres Kulturkreises praktizieren es zumindest gelegentlich. Ist „ein Bier trinken" Stressbewältigung? Auch wenn man es in eine andere Schublade einordnet, etwa unter „entspanntes Beisammensein mit Freunden" oder „ausruhen nach der Arbeit, sich mal was Gutes gönnen", ist der Antistress-Aspekt von Alkohol kaum zu übersehen.

☞ **ALKOHOL MEDIZINISCH-PHARMAKOLOGISCH: Die Wirkmechanismen von Alkohol sind gut erforscht. Unser Gehirn verfügt über Systeme, mit denen es die Aktivität der Nervenzellen in Stresskonstellationen herunterreguliert. Ein wichtiger Botenstoff dabei ist die Gamma-Aminobuttersäure, kurz GABA genannt.**

Nervenzellen haben Rezeptoren, also Eiweiße, an denen sich GABA anlagern kann. Wenn das passiert, bremst dies im Falle von GABA die Aktivität der jeweiligen Zelle. Die Erregung wird langsamer an die nachgeschalteten Nervenzellen weitergegeben. Alkohol stimuliert im Gehirn die Bildung von GABA, mehr GABA führt zu weniger Aktivität der Nervenzellen. Glutamat wiederum hat im Gehirn eine gegenteilige, Nervenzellen stimulierende Funktion. Nachdem Alkohol auch die Freisetzung von Glutamat reduzieren kann, resultiert daraus eine zusätzliche, die Nervenaktivität reduzierende Wirkung. Was das praktisch bedeutet, kennt jeder, der jemals Alkohol zu sich genommen hat: Man entspannt sich, Probleme rücken in den Hintergrund. Konzentration und Reaktionsgeschwindigkeit reduzieren sich, was aber (solange man sich nicht ans Steuer setzt) kaum stört. Als relativ einfach gebautes Molekül, das schnell im Gehirn anflutet, kann Alkohol darüber hinaus allerdings auch noch andere Wirkungen haben, die sich u. a. je nach Ausgangssituation des Konsumenten unterscheiden. So können unter Alkoholeinfluss, neben „Glückshormonen" wie Serotonin und Dopamin, auch vermehrt die Stresshormone Adrenalin und Cortisol ausgeschüttet werden. Das heißt, wenn es nicht gut läuft (denken Sie an alkoholisierte Menschen, die nicht ruhig und glücklich sind, sondern randalieren): Handbremse und Gaspedal gleichzeitig. Dass Alkohol nicht als regelhaft anzuwendende Stressbewältigungsstrategie empfohlen werden kann, ist nicht nur deshalb offenkundig. Die langfristigen Folgen von regelmäßigem Alkoholkonsum sind gravierend bis tödlich. Es beginnt mit dem Gewöhnungseffekt. Das Gehirn gewöhnt sich an die bremsende Wirkung des Alkohols. Man braucht dann immer mehr davon, um die ursprünglich entspannende Wirkung zu erzielen. Zudem überlastet man u. a. die Leber, was langfristig zu deren Zerstörung (Fettleber, Leberzirrhose) führen kann. Über die alkoholbedingt geschädigte Magenschleimhaut können wichtige Vitamine nicht mehr aufgenommen werden, was dann zur Schädigung von Nervenzellen führt. Leider führt das Wissen um die Schädlichkeit von Alkohol nicht immer zu angemessenen Handlungskonsequenzen.

Noch ein Wort zu anderen Drogen

Statt Alkohol also lieber Beruhigungsmittel wie Valium? Nein, natürlich nicht! Die Wirkung von Benzodiazepinen ist vergleichbar mit Alkohol: In niedrigen Dosen führen diese Mittel zu einem wohligen Gefühl von Entspannung. Ängste, soweit sie bestanden haben, lösen sich in Wohlgefallen auf. In höheren Dosen sind Benzodiazepine potente Schlafmittel, die je nach Halbwertszeit entweder das Einschlafen oder auch das Durchschlafen fördern. Wobei allerdings der unter diesen Substanzen erreichte Zustand eher einer Narkose denn einem natürlichen Schlaf entspricht. Benzodiazepine unterliegen recht schnell einem Gewöhnungseffekt. Man braucht zunehmend größere Dosen, um die gleichen Effekte zu erreichen. Wenn man sich später entschließt, auf diese Medikamente zu verzichten, ist mit erheblichen, länger anhaltenden Absetz- bzw. Entzugserscheinungen zu rechnen, also mit zunehmender Unruhe, Ängstlichkeit, Ein- und Durchschlafstörungen bis hin zu Krampfanfällen. Daher ist vom Gebrauch dieser Substanzen zur Entspannung unbedingt abzuraten!

Ist Cannabis eine Alternative?

Selbst wenn Cannabis und ähnlich wirkende Substanzen keine relevanten Entzugserscheinungen und körperlichen Folgeschäden verursachen, bleiben sie Stresslöser, die Gefühle stimulieren, die nicht auf persönlichen Kompetenzen beruhen. Für mental gefestigte Personen mag dies gelegentlich unproblematisch sein. Bei Konsumenten, die nicht unter die genannte Kategorie fallen, vor allem auch jugendlichen, in der Entwicklung befindlichen Menschen, führt langer und intensiver Cannabiskonsum leider nicht selten zu Persönlichkeiten mit geringer (weil nicht trainierter) Stressbewältigungskompetenz und geringer Frustrationstoleranz. Warum soll ich mir die Mühe machen zu lernen, wie man Probleme löst, wenn man mit ein wenig Cannabis (kurzfristig) den ganzen Stress hinter sich lassen kann? Mit Cannabis und Co taucht man quasi unter den Stresswellen hindurch. Langfristig wird es umso schwieriger, das Stresswellensurfen zu lernen. Zusammenfassend: Alkohol, Valium und Co haben gefährliche Neben- und Folgewirkungen. Also: Besser die Finger davon lassen!

„Denkzeit": Wenn man den Geist sich selbst überlässt

Alle reden heute von Achtsamkeit, aber wie funktioniert das eigentlich? Probieren Sie es doch gleich praktisch aus: Einfach mal abschalten. Setzen Sie sich entspannt hin, tun Sie nichts und kommen Sie zur Ruhe. War das nicht genau der Grund, weshalb Sie dieses Buch lesen?

> **EINE ELEMENTARE ÜBUNG: Was passiert in unserem Kopf, also in unserem Gehirn, wenn wir nichts tun? Nennen Sie es Denkzeit oder auch Meditation. Setzen Sie sich so entspannt wie möglich hin. Schließen Sie die Augen, atmen Sie ruhig ein und aus. Die einzige Aufgabe besteht darin, sich selbst zu beobachten. Vielleicht so, als säßen Sie am Rande Ihres Gehirns und schauten neugierig und fasziniert zu, was sich dort ereignet. Das ist wirklich alles.**

Nachdem Sie etwa fünf Minuten in Denkzeit zugebracht haben: Wie ist es Ihnen ergangen? Haben Sie die Übung als angenehm oder als unangenehm erlebt? Was haben Sie beobachtet? Wundern Sie sich nicht: Wenn Sie keine Übung damit haben, können fünf Minuten Denkzeit recht lang werden. Die Denkzeit-Übung mit ihrer Interaktion von Gedanken, Gefühlen und deren Reflexion ist die Urform dessen, was Meditation ausmacht.

Etwa die Hälfte der Menschen, die Denkzeit zum ersten Mal versucht haben, erlebt sie eher als belastend. Sie wird als unangenehmer erlebt, als in der gleichen Zeit etwas zu lesen, Musik zu hören oder im Internet zu surfen. Etwa 57 Prozent empfinden ihre Konzentrationsfähigkeit danach als beeinträchtigt, denn: „Der untrainierte Geist mag nicht mit sich selbst allein sein ..." Das Problem ist: Wenn wir „im Stress" sind, verengt sich unser Horizont, auch wenn andere Menschen um uns herum sind. Wir sind dann zunehmend allein im Erleben der unangenehmen Situation, allein mit uns und unseren Gedanken und Gefühlen, die uns ungefragt – wie in der Denkzeit – in den Kopf kommen. Vor allem unangenehme Gedanken drängen sich regelrecht auf, obwohl wir eigentlich einen klaren Kopf bräuchten.

👉 **DAS GEHIRN TRICKST UNS AUS:** Unangenehme Gedanken nicht denken zu wollen, funktioniert nicht. Es stimuliert sie eher. Vermutlich kennen Sie die Übung, nicht an ein rosa Kaninchen bzw. einen blauen Elefanten denken zu sollen. Wenn Ihnen verboten wird, daran zu denken, passiert es erst recht.

In der Denkzeit-Übung hat man die ungeschminkte Gelegenheit, sich selbst und damit der Dynamik, in der man sich gerade befindet, zu begegnen. Genau so funktioniert unser Gehirn quasi im Leerlauf. Man bekommt nebenbei ein Gefühl dafür, was zu berücksichtigen ist, wenn man Entspannung sucht. Unserem Gehirn ist es im wachen Zustand (fast) unmöglich, nichts zu denken. Je nach der aktuellen Grundstimmung kommen eher angenehme oder eben eher unangenehme Gedanken und Gefühle auf. Sobald man sich inhaltlich mit diesen Gedanken beschäftigt, werden sie immer konkreter und hartnäckiger. Dabei ist es fast egal, ob man einen Gedanken attraktiv findet und weiter verfolgen möchte (etwa: „Im letzten Urlaub, das war wirklich schön ... da will ich wieder hin") oder ob man ihn unangenehm findet und am liebsten sofort loswerden möchte (z. B. „Kann mich mein Chef nicht wenigstens in diesem Moment in Ruhe lassen ... ich will lieber an etwas Schönes denken!"). Gedanken, die man loswerden will, werden dabei oft immer größer, klebriger und bedrückender. Man fühlt sich ihnen gegenüber hilflos. Da kann man sich schütteln und versuchen, diese Themen zu verdrängen. Man wird sie gerade deswegen nicht los.

Warum Denkzeit wichtig ist

Was liegt den beschriebenen Abläufen zugrunde? Eigentlich sollte es doch um nichts als um Entspannung und ein wenig Selbstbeobachtung gehen. Und was macht unser Gehirn? Es produziert einen Gedanken nach dem anderen und bringt uns auf diese Weise nicht selten in einen ungemütlichen und angespannten Zustand. Warum macht unser Gehirn das, warum macht es uns aus dem Nichts heraus Stress? In der Evolution hatte unser Gehirn vor allem eine Aufgabe: unser Überleben zu sichern. Es muss uns vor Gefahren warnen! Leider macht es das zuverlässig und unablässig eben auch dadurch, dass es uns die Konflikte mit Vorgesetzten, Streit mit wichtigen Bezugspersonen oder unerledigte Aufgaben immer wieder ins Bewusstsein spielt! Das Problem dabei ist, dass die heutigen Stressoren zumeist keine Säbelzahntiger sind, sondern eher lästige, wiederkehrende Problemkonstellationen, die sich nicht kategorisch lösen lassen. Unser Gehirn kennt jedoch den Unterschied zwischen einem Konflikt in der Beziehung und einem Säbelzahntiger nicht. Es warnt also lieber einmal zu viel als einmal zu wenig. Wenn wir das verstanden haben, werden die vom Gehirn aufgeworfenen Gedanken nicht mit akuten Warnhinweisen verwechselt und können als das, was sie sind, eben als „Gedanken" behandelt werden.

Achtsamkeit: Viel mehr als „einfach loslassen"

Heute muss alles „achtsam" sein. Doch Achtsamkeit ist viel mehr als nur Entspannung!

Wenn man die aktuelle Literatur zum Thema „Umgang mit Stress" sichtet, gewinnt man den Eindruck, dass Progressive Muskelentspannung und Autogenes Training zwar weiterhin etablierte Verfahren, aber nicht mehr modern sind. Derzeit im Trend ist Achtsamkeit. Indes: Achtsamkeit ist nicht nur viel älter als die genannten Entspannungstechniken, sie ist zudem eigentlich gar keine Entspannungstechnik, sondern eine Lebensphilosophie. Denjenigen, die sich darauf einlassen, kann sie viel mehr geben als Entspannung.

Achtsamkeit ist eine Herausforderung und kein kurzfristig erfolgreich anwendbarer Antistress-Trick! Sowohl die von Jon Kabat-Zinn (geb. 1944) eingeführte Mindfulness-Based Stress Reduction (MBSR) als auch die inhaltlich verwandte ACT (Acceptance und Commitment Therapy) beruhen auf Ideen des Buddhismus. Der Buddhismus wiederum geht auf den indischen Prinzen Siddhartha Gautama zurück, der als Begründer der Achtsamkeit gelten darf.

SIDDHARTHA lebte von etwa 563 bis 483 v. Chr. und wuchs sorgenlos auf, bis er eines Tages den Palast verließ. Draußen begegnete er unter anderem einem sterbenden alten Mann. Der Prinz erkannte, dass der einzige Ausweg aus diesem uns alle betreffenden Leid nur sein kann, aus dem ewigen Kreislauf der Wiedergeburten hinaus ins Nichtsein, ins Nirwana einzugehen. Das letztendliche Ziel ist es, im Nirwana wieder mit dem Ganzen und der Ewigkeit eins zu werden und das Leid hinter sich zu lassen. Die Vorbereitung darauf ist Meditation.

Dass das Bild des in Meditationshaltung sitzenden, in sich gekehrten, bedürfnislosen Buddha das diametrale Gegenteil des gestressten, nach immer mehr Leistung, Geld und Ruhm strebenden, in sich selbst verliebten Individualisten der westlichen Leistungsgesellschaft ist, ist so offenkundig, dass es gern übersehen wird.

Wenn Achtsamkeit auf eine Antistress- und Leistungssteigerungsmethode reduziert wird, besteht die Gefahr, eben damit die Stress- und Leistungsdynamik langfristig weiter zu steigern. Etwa so: „Wer nicht achtsam ist, riskiert angesichts der Achtsamkeit-trainierenden Konkurrenz den Anschluss zu verlieren!" Dass die Balance zwischen der Hoffnung auf schnelle Hilfe, auf Autonomie und Unverbindlichkeit den Ansprüchen der Welt gegenüber schwer zu finden ist, dürfte jedem, der sich in Achtsamkeit übt, früher oder später bewusst werden.

Mindfulness-Based Stress Reduction: Nur nicht bewerten!

„Mindfulness" meint das bewusste „im Hier und Jetzt sein". Die Gedanken, die sich einstellen, gilt es zu beobachten, aber nicht zu werten. Wenn dies gelingt, steigen die Gedanken zwar weiterhin aus dem Nichts auf, um dann aber nach kurzer Zeit wieder zu entschwinden. Gedanken sind nicht Wahrheiten, sondern Gedanken! Im Rahmen der Achtsamkeitspraxis geht es darum, sich dies immer wieder bewusst zu machen – ohne Groll auf sein vermeintliches Unvermögen bezüglich der Kontrolle seiner Gedanken und Gefühle. Wenn Sie beobachten, dass Ihr Gehirn gerade dabei ist, Gedanken festzuhalten, dann loben Sie Ihr Gehirn – es tut nur das, was es tun muss. Holen Sie es gleichwohl ins Hier und Jetzt zurück.

Im Rahmen der Mindfulness-Based Stress Reduction wird ein quasi-ritualisiertes Vorgehen praktiziert: Im „Body-Scan" geht es darum, sich achtsam seines Körpers gewahr zu werden. Yogastellungen können eingenommen werden, um daran Achtsamkeit zu üben. Sitzmeditation, das Einüben des „stillen Sitzens", ist ein Kernelement. Wobei Achtsamkeit aber auch beim bewussten Ausführen langsamer Bewegungen, etwa in der Gehmeditation, praktiziert werden kann. Es können dreiminütige, auf den Atem bezogene Achtsamkeitsübungen, durchgeführt werden. Letztlich geht es bei alledem darum, Achtsamkeit soweit möglich immer und überall im Alltag zu praktizieren.

Gedanken haben ihre Wurzeln in der Vergangenheit und ihre Implikationen in der Zukunft. „Hast Du gestern XY gemacht, damit Dir morgen YZ nicht um die Ohren fliegt?" Sobald man solche Gedanken bewusst denkt, ist man nicht mehr im Hier und Jetzt. Unser Gehirn ist eine in der frühen Evolution programmierte Problem-Warn-Maschine, die entsprechend jedes Problem zum Säbelzahntiger macht. Die Erkenntnis und Akzeptanz dessen, dass Gedanken eben nur Gedanken sind, die kommen und gehen, führt letztlich zu innerer Ruhe. Um Gedanken loslassen zu können, sind folgende Vorstellungsbilder („Diffusionsübungen") hilfreich: „Meine Gedanken sind Blätter, die auf einem kleinen Bach treiben. Sie kommen auf mich zu und schwimmen dann an mir vorbei, von der Strömung mitgenommen." „Gedanken sind Wellen auf dem Meer. Sie kommen auf mich zu, laufen auf dem Strand aus und enden dort. Neue Wellen kommen. Das Meer selbst bleibt ruhig."

Weder Ignoranz noch Verdrängung!

Es könnte der Eindruck entstehen, dass Achtsamkeit auf ein „Verdrängen von Problemen" hinausläuft. Anstatt zu handeln soll man die Gedanken an das Problem kommen und gehen lassen. Hat man dann nicht später umso heftiger Stress? Tatsächlich ist es so: Achtsamkeit fokussiert darauf, angemessen mit seinen Kräften umzugehen und sich nicht im Strom der Gedanken und in destruktivem Grübeln (siehe S. 160) zu verlieren. Oftmals sind es eben vor allem unsere Gedanken an Probleme, weniger die Gegebenheiten

DAS HEXAFLEX-MODELL

Die Beziehung zwischen wichtigen psychologischen Aspekten wird durch ein Sechseck dargestellt, daher der Name Hexaflex-Modell.

KONTAKT MIT DEM JETZIGEN MOMENT

Im Hier und Jetzt präsent – also achtsam – sein.

AKZEPTANZ

Bereitschaft, unabänderliche, unangenehme und schmerzliche Gefühle bzw. Gegebenheiten als solche zu akzeptieren.

WERTE

Sich seiner Werte, also dem, was einem „tief im Herzen" wichtig ist, bewusst sein.

PSYCHISCHE FLEXIBILITÄT

Präsent sein, sich öffnen und das tun, was wichtig ist

DEFUSION

Sich von belastenden Gedanken und Erinnerungen lösen bzw. sich davon distanzieren können.

ENGAGIERTES HANDELN

Im Rahmen seiner Möglichkeiten engagiert nach eben diesen Werten leben und entsprechend handeln.

SELBST ALS KONTEXT

Die Fähigkeit entwickeln und trainieren, seine eigene Perspektive als relativ wahrnehmen und alternative Perspektiven in Erwägung zu ziehen.

als solche, die uns stressen. Gedanken inhaltlich nicht mit den Problemen gleichzusetzen reduziert somit Stress oft ganz erheblich. Und das gibt dann idealerweise Kraft, die realen Probleme angemessen angehen und lösen zu können. Dabei kommt es stets auf die Art der Probleme an und auf das, was ich von meinem Leben erwarte.

Welche Ziele und Werte sollen mein Leben leiten? Namentlich Steven C. Hayes (geb. 1948) hat aus diesen Überlegungen, wiederum bezugnehmend auf buddhistische Vorstellungen, die Akzeptanz-und-Commitment-Therapie (ACT) entwickelt. Ihm war aufgefallen, dass alle psychischen Erkrankungen die Wahrnehmung der Betroffenen einengen und ihre Flexibilität deutlich reduzieren. Je unflexibler man mit den täglichen Belastungen umgeht, um so „stressiger" wird es. Wobei Stress wiederum ein Risikofaktor für einen ungünstigen Verlauf ist. Also ein Teufelskreis! ACT wurde entwickelt, um die geistige Flexibilität von Menschen zu erhöhen, was auch gesunden Menschen nützt. Aus der ACT-Perspektive ist Achtsamkeit ein Glied in einer eine gesunde Lebensphilosophie beschreibenden Kette. Das aus sechs Elementen bestehende „Hexaflex-Modell" (siehe S. 81) fasst die diesbezüglich relevanten Aspekte zusammen. Um seine psychische Stabilität und das Wohlbefinden langfristig zu erhöhen, ist zudem die Unterscheidung von zwei Formen von Leid wichtig:

1 NATÜRLICHES LEID ist das, was Buddha motivierte, seinen Weg zu gehen, also das Leid, dem alle Menschen unterworfen sind, bis hin zum Tod von Angehörigen und dem eigenen Tod. Natürliches Leid gilt es zu akzeptieren, so schmerzhaft das auch sein mag. Sich dagegen aufzubäumen, den damit verbunden Stress nicht haben zu wollen, kann immer nur vergeblich und frustrierend sein.

2 VERMEIDUNGSLEID ist das Leid, das daraus entsteht, dass man natürliches Leid beziehungsweise die Gefühle, die damit verbunden sind, vermeiden beziehungsweise seine Gefühle so kontrollieren will, dass möglichst kein Leid aufkommt. Beispiele? „Ich will keine Schmerzen haben, ich will keinen Stress haben ..." Fragen Sie sich selbst: Welchen Anteil an dem, was Ihnen Stress macht, hat natürliches, welchen Anteil hat Vermeidungsleid? Beim natürlichen Leid muss es darum gehen, den betreffenden Themen einen Rahmen zu geben, in dem sie im Leben einen Platz finden können. Also: Zeit für Trauer über Verluste oder Kränkungen, Zeit für Gedanken an den eigenen Tod. Beim Vermeidungsleid jedoch muss es darüber hinaus darum gehen, theoretisch und dann praktisch zu realisieren, dass eine Kontrolle zum Beispiel über die eigenen Gefühle nicht möglich ist. Eben dies dennoch zu versuchen, läuft darauf hinaus, dass der vermeintliche Lösungsversuch zum eigentlichen Problem wird. Um aus einer solchen Dynamik auszusteigen („Ich will keine Schmerzen, keine Trauer, keinen Stress haben …"), ist es wichtig, seine eigenen Werte und Ziele im Leben zu kennen. Was ist mir eigentlich wichtig? Was gibt meinem Leben Sinn?

Vom Umgang mit Werten und Zielen

Wenn man seine Werte und seine darauf bezogenen Ziele (Ziele kann man erreichen, Werte sind die als solche unerreichbaren Leitsterne des Lebens) definiert, lassen sich davon ausgehend Prioritäten ableiten, die Vermeidungsleid (und damit Stresserleben) relativieren und reduzieren. Im Klartext: Ich lasse mich durch die unschöne Situation in der Firma, durch Konflikte in der Beziehung, durch Schmerzen nicht davon abhalten, mich mit dem, was mir wichtig ist, mit meinen Freunden, mit Musik, mit Kunst zu beschäftigen und daran Freude zu haben. Trotz leidbedingender Probleme ist selbst in schwierigsten Konstellationen, wenn man es sich nicht durch Vermeidungsleid verbaut, ein sinnvolles und erfülltes Leben möglich. Strategisch bedeutet dies, dass man Stress an einer Stelle in Kauf nimmt, um an anderer Stelle, wo es einem wichtig ist, dafür mehr als entschädigt zu werden.

 EIN PRÄGNANTES BILD: Die eine Person belastende Konstellation lässt sich als ein „Monster" auffassen, das groß und breit vor einem sitzt und den Weg in ein besseres Leben verstellt. Indem man immer wieder gegen das Monster anrennt (zumal in Gedanken), verpulvert man seine Energie und bestätigt sich immer wieder, wie frustrierend die Situation und wie hilflos man ist. Womit alles noch schlimmer, stressiger, aussichtsloser wird.

Akzeptanz, um im Monster-Bild zu bleiben, bedeutet, die Existenz des Monsters, also des Problems (soweit es sich eben nicht mit vertretbarem Aufwand als solches lösen lässt) zu akzeptieren und es als Teil seines Lebens anzusehen. Das Monster ist da und wird es, soweit absehbar, bleiben. Wir werden damit leben müssen. Aber müssen wir deshalb auf das, was für uns wichtig ist und unser Leben idealerweise ausmachen sollte, also auf unsere Werte, verzichten?

Wie lässt sich Vermeidungsleid überwinden? Durch engagiertes Handeln („Commitment")! Das setzt voraus, dass man konkrete Ziele hat und sein Leben aktiv und selbstverantwortlich gestalten will. Will das nicht jeder? Theoretisch ja. Praktisch gibt es viele Menschen, die sich dazu nicht in der Lage sehen und davon ausgehen, dass es ihnen mit zumutbarer Willensanstrengung nicht möglich ist, angemessene Lösungen für ihre Probleme zu finden. Was im sozialen Kontext sinnvoll und gerecht sein mag, ist sich selbst gegenüber schwierig. Nicht wenige Menschen, die an tödlichen Erkrankungen leiden, sind durchaus noch in der Lage, ihr Leben erfüllt und aktiv zu gestalten. Es hat viel mit Persönlichkeit, Selbstwert, Selbstakzeptanz und Charakter zu tun: Commitment bedeutet nicht, Erwartungen seiner Umwelt zu erfüllen, sondern selbst verbindliche Erwartungen an sich und das Leben zu definieren und danach zu leben. Das geht (fast) immer, bis zum letzten Atemzug.

Wer Stresswellen surfen will, der muss im „Surfen" einen Wert und im Lernen ein Ziel haben und bereit sein, auch wenn die Wellen höher sein sollten, mit dem Brett aufs Wasser zu gehen. Ohne Training und die Akzeptanz, zunächst einmal häufig vom Brett ins Wasser zu fallen, geht es nicht. Risikobereitschaft und Durchhaltevermögen sind gefragt! Das Trainingsprogramm und die Wetterlage sollten zudem den eigenen aktuellen Fähigkeiten entsprechen. Wenn das alles so passt, dann kann Humor nicht schaden … bis man mit den üblichen Turbulenzen so umgehen kann, dass das Surfen – trotz oder gerade wegen der Stresswellen – richtig Spaß macht!

STRESS-BESCHLEUNIGER ENTSCHÄRFEN!

Um Stress dosieren zu können, müssen wir die Auslöser und unseren persönlichen Umgang mit ihnen kennen.

Einfache Lösungen gibt es nicht

Gute Tipps und Ratschläge sind vor allem eins: gut gemeint. Helfen werden sie nur selten, dazu braucht es intensive Arbeit.

Angesichts unserer komplexen Gegenwart ist der Wunsch nach einfachen Lösungen verständlich. Falls Ihnen während der Lektüre der ersten drei Kapitel dieses Buches die Frage „Aber hätten Sie nicht doch noch ein paar gute Tipps, wie man sich schnell entspannen und Stress abbauen kann?" in den Sinn gekommen sein sollte, wäre das kein Wunder. Solche Tipps gäbe es schon für Sie. Das Problem daran ist nur: Sie kennen sie bereits. Etwa: „Reduzieren Sie Ihre Leistungsansprüche an sich selber. Sie müssen nicht 150-prozentig sein! Machen Sie sich keinen unnötigen Stress." Oder: „Machen Sie öfter mal eine Pause!" Nicht fehlen darf auch der Hinweis, doch endlich ein Entspannungsverfahren zu erlernen und anzuwenden. Dann wird das alles schon. Oder?

Inhaltlich lässt sich gegen diese und andere gut gemeinte Tipps nichts sagen. Es wird sicher Menschen geben, denen damit geholfen ist. Die Mehrheit der gestressten Menschen reagiert darauf heute allerdings eher genervt, denn den Ratschlag, „einfach" Stress zu reduzieren, hat jeder schon oft gehört. Aber, bitte schön, wie soll das funktionieren? Für Pausen ist keine Zeit, der Job zu fordernd, der Chef immer im Nacken. Und Entspannungstechniken? Wer hat schon die Zeit und Ruhe dafür!

Der Mensch ist ein Gewohnheitstier – auch beim Stress. Die im zweiten Kapitel vorgestellten Entspannungstechniken und Achtsamkeitsübungen sind nachgewiesenermaßen wirksam und hilfreich. Die meisten Menschen, die diese Techniken gelernt haben, wenden sie im Alltag jedoch nicht an. Da gibt es in der Firma keinen Ruheraum, überhaupt ist alles so stressig, dass dazu keine Zeit ist. Wir sind hier auf einen für das Stressthema entscheidenden, sehr menschlichen Aspekt gestoßen: Jeder hat gute Gründe sich zu überlasten, sonst würde er es nicht tun!

☞ **IN DEN EIGENEN MUSTERN GEFANGEN:** Die Art und Weise, wie wir mit unseren privaten und beruflichen Belastungen umgehen, ist das Ergebnis langjähriger Erfahrung und Praxis. Wir haben immer wieder die Erfahrung gemacht, dass unsere Lebens- und Arbeitsweise letztlich doch die beste aller spontan verfügbaren Möglichkeiten ist. Selbst dann, wenn es mal unangenehm wird.

Mit dem Chef oder Kollegen in Konflikt zu gehen, lohnt sich nicht. Letztlich bleibt die Mehrarbeit doch bei Ihnen liegen. Oder Sie spüren gewissermaßen, dass Sie nicht die Kraft haben, den Konflikt zu eskalieren. Der Einsatz wäre zu hoch und Sie trauen es sich letztlich nicht zu. Sicher gäbe es Alternativen, man könnte – als Maximalvariante – den Job wechseln, die Partnerschaft aufkündigen oder ähnlich weitreichende Entscheidungen treffen. Doch all diese Alternativen sind schwierig, auch wenn sie theoretisch sinnvoll sein mögen. Praktisch sind sie zu aufwendig oder zu riskant. Zudem ist das Ergebnis ungewiss. Das führt zum Gefühl, diese Stressoren und Belastungen zu ertragen, sei immer noch besser und entspannter, als etwas zu verändern. Da ist es erträglicher und für das Selbstwertgefühl charmanter, die Schuld für sein Stressdilemma außerhalb der eigenen Person zu verorten: „So, wie die Situation in meiner Firma ist, da kann man nichts machen. Jeder an meiner Stelle hätte den gleichen Stress. Soll ich woanders hingehen? Das geht nicht: wegen der Familie, weil ich froh bin, meine Wohnung zu haben, wegen ..." An solchen Argumentationen ist immer etwas dran! Es sind keine Ausreden, sondern pragmatische Abwägungen. Um wirklich etwas zu verändern, müsste es einem noch viel schlechter gehen.

Veränderungen sind nicht einfach

Sind wir in unseren Mustern gefangen wie ein Fisch im Netz? Nein, da gibt es schon Möglichkeiten. Zudem: Alles ist im Fluss, unsere Muster passen sich veränderten Lebenssituationen an, oft ohne dass uns das bewusst wird. Wie erwähnt (siehe S. 22) sind unser Körper und unsere Psyche meisterhaft darauf eingestellt, sich an veränderte Situationen anzupassen. Das intuitive Ziel ist dabei in aller Regel: Stressminimierung und Maximierung von Wohlbefinden. Minutiös passen wir uns den Situationen an, in die wir im Privat-

und Berufsleben hineingeraten. In wenigen Augenblicken haben wir die Situation erfasst, sprechen leiser oder lauter, argumentieren offensiver oder defensiver, positionieren uns mit oder gegen neue Kollegen oder Vorgesetzte. All das, ohne dass uns dies überhaupt bewusst wird. Wir verhalten uns für unser Gefühl authentisch. Wir sind eben so, wie wir sind! Dass dieses „so sein" nicht zuletzt von den Situationen und Personen, mit denen wir es jeweils zu tun haben, abhängt und dann ganz unterschiedlich sein kann, ist eine wissenschaftlich gut abgesicherte Tatsache. Wenn es einem gelegentlich bewusst wird, wie unterschiedlich man in unterschiedlichen Konstellationen fühlt, denkt und handelt, kann das mitunter sogar peinlich sein. Warum bin ich der Chefin gegenüber ein kleinlautes und hilfloses Wesen, im Freundeskreis jedoch souverän und meinem Partner gegenüber gelegentlich sogar autoritär und launisch? Wer oder was bin ich dann eigentlich?

> **SCHALTPLÄNE IM GEHIRN:** In der Psychologie werden situationsabhängige Strategien und Handlungsmuster als „Schemata" beschrieben. Ausgehend von unserer Veranlagung sind sie das Ergebnis unserer Lebensgeschichte. Letztlich sind es allesamt „Anpassungsleistungen", die auf der Grundlage älterer Muster vorgenommen werden. Wenn wir alle unsere Muster bewusst wahrnehmen und steuern wollten, wären wir total überfordert!

Schemata-Schaltpläne machen uns das Leben leichter. Gleichzeitig limitieren sie unsere Handlungsmöglichkeiten. Der skizzierte Automatismus macht es schwierig, unser Verhalten und unsere Muster vorsätzlich zu verändern, etwa weil wir eingesehen haben, dass es günstiger wäre, gesünder zu leben oder unseren Stresslevel langfristig zu senken. Unsere Schemata haben sich auf der Grundlage unserer Erfahrungen, gemessen an den kurzfristigen Konsequenzen, als am günstigsten erwiesen. Dass diese Schemata längerfristig problematisch sein können, indem sie letztlich zu mehr Stress führen als sie kurzfristig reduzieren, liegt daran, dass die Evolution dafür leider keine automatischen Korrekturprogramme vorgesehen hat. Zudem sind wir keine Computer, bei denen man einfach ein neues Programm aufspielen kann. Also müssen wir auf Grundlage unserer bisherigen Schemata neue Muster einüben, was mühsam ist. Jede noch so gut begründete Verhaltensänderung mit dem Ziel einer langfristigen Stressreduktion bedeutet zunächst einmal (und manchmal auch längerfristig) mehr Stress. Zum einen, weil unser System uns immer wieder auf die alten Muster zurückführen will, zum anderen, weil wir dann oft Fähigkeiten und Fertigkeiten brauchen, die wir so nicht geübt beziehungsweise zur Verfügung haben. Eben deshalb bleibt es oft bei „guten Vorsätzen".

Wie kommt man aus dem Dilemma heraus? Wie kann man es schaffen, sich selbst und seine Schemata so umzutrainieren, dass es langfristig weniger stressig wird? Zunächst einmal: Indem man nicht naiv erwartet, dass etwas funktionieren wird, nur weil es sinnvoll wäre. Man kann nicht oft genug betonen: Längerfristig weniger Stress bedeutet kurzfristig mehr Stress. Wer diese Investition nicht tätigen will oder kann, der hat objektiv schlechte Karten. Am elegantesten wird es dann, wenn man Stress nicht als potenziell schädlich, sondern als Herausforderung sieht: Auf Stresswellen surfen zu lernen ist anstrengend, aber wenn es klappt, wird es Flow pur!

Die eigenen Muster aufdecken

Was den einen stresst,
stört den anderen Menschen
überhaupt nicht. Dafür gibt
es Erklärungen.

Warum erlebt ein Mensch eine Situation als hochgradig belastend, also als erheblichen Stressor, und ein anderer Mensch, der das gleiche Alter, das gleiche Geschlecht und die gleiche Ausbildung hat, die identische Situation als normalen, unspektakulären Alltag? Der Unterschied liegt in den individuellen Stressbeschleunigern. Dieser Begriff, der letztlich persönliche Muster meint, erinnert an Brandbeschleuniger: Wenn man Spiritus auf die glühenden Kohlen eines Holzkohlegrills schüttet, führt das unmittelbar zu einer Stichflamme. Ähnlich funktionieren Stressbeschleuniger: Schnell, sicher und mitunter sehr heftig. Beim Brandbeschleuniger weiß man, was die

Stichflamme ausgelöst hat. Bei Stressbeschleunigern weiß man es mitunter nicht. Betroffene erleben ihre Reaktion zunächst einmal als normal und zwangsläufig.

 FRAGEN SIE MAL NACH: Nicht selten kennen die Menschen in unserer Umgebung unsere Stressbeschleuniger besser als wir selbst. Umgekehrt wissen Sie, welche wunden Punkte Ihre Kollegen haben, und können ziemlich sicher sagen, in welchen Situationen die Betreffenden „explodieren" werden. Es lohnt sich somit, sich immer wieder mal von vertrauenswürdigen Menschen aus dem persönlichen Umfeld spiegeln zu lassen.

Stressbeschleuniger sind keine in der Natur vorgegebenen Größen. Sie hängen zum einen von unserer Veranlagung und von unserer Lerngeschichte ab und sind gewissermaßen die Nebenwirkungen unserer kurzfristig stressreduzierenden Schemata. Egal wie ungemütlich und störend sie letztendlich werden, über lange Zeit hatten sie (zumindest kurzfristig) mehr Vor- als Nachteile. So funktioniert Evolution. Stressbeschleuniger sind Bewertungsmuster, die bestimmte Stressoren als besonders gefährlich erscheinen lassen, einhergehend mit unflexibel daran gekoppelten, letztlich unangemessenen Bewältigungsstrategien.

Stressbeschleuniger enttarnen

Man kann Stressbeschleuniger mit aufwendigen psychologischen Fragebögen darstellen. Wenn man die jeweiligen Antworten auswertet, zeigen diese die individuelle Gewichtung unterschiedlicher Faktoren auf. Man kann seine Stressbeschleuniger aber auch direkt identifizieren. Diesbezüglich hilfreich und prägnant ist das „Thermometer-Schaubild" (siehe S. 92). Eine kurze Anleitung dafür: Wie auch immer Sie es angehen, es empfiehlt sich, die zu dem Thermometer gehörenden Fragen spontan zu beantworten. Wie zutreffend sind die jeweiligen Aussagen, bezogen auf Ihre Person? Haben Sie zum Beispiel eher hohe Ansprüche (an sich und andere), dann eher in Richtung 8, wenn nein, dann unterhalb der 4 usw. Es gibt dabei keine richtigen oder falschen Einschätzungen! Sie beschreiben mit Ihren Antworten sich selbst, im Sinne einer Standortbestimmung.

Stressbeschleuniger entsprechen dem, was im Stressmodell von Lazarus als „Organismusvariable" bezeichnet wird (siehe S. 24), also der Bewertung, die ein Individuum angesichts eines äußeren Stressors vornimmt. Im heutigen Leben geht es zumeist nicht um objektiv lebensgefährliche Stressoren, sondern fast ausschließlich um potenziell die eigenen materiellen oder ideellen Ressourcen („soziale Reputation") gefährdende Bedrohungen. Dies macht das Thema leider viel komplizierter! Ein Beispiel: Eine Kollegin lächelt sie an. Das soll ein Stressor sein? Dass ist doch sehr erfreulich! Schön, wenn Sie ein Lächeln so entspannt erleben können. Maria S., 48 Jahre, erlebt es wie folgt: „Die lächelt doch nur, weil sie sich freut, dass ich rausgeworfen werde und sie die Stelle bekommt!" Hintergrund war keineswegs ein massiver Arbeitsplatzkonflikt, sondern ein kleiner, bis dahin von niemandem bemerkter Fehler, der Maria S. bei einer Rechnung unterlaufen war. Die sehr unsichere Maria S. befürchtet nun, dass die Entdeckung des Fehlers die sichere Kündigung durch ihre akribische Chefin zu Folge hat und die (deshalb) lächelnde Kollegin ihre Stelle bekommen wird. Ein weiteres Beispiel: Menschen, die sich einsam fühlen, tendieren dazu, neutrale oder freundliche Gesten von Mitmenschen als Zurückweisung (zum Beispiel „die lächelt überheblich ... die will mit mir nichts zu tun haben!") zu erleben, was einsame Menschen dazu motiviert, sich lieber weiter zurückzuziehen, als zurückzulächeln.

 WIE AUS DEM LÄCHELN EIN PROBLEM WIRD: Vielfach werden potenziell vieldeutige Aspekte, wie das Lächeln in unserem Beispiel, erst durch einen Stressbeschleuniger, der damit zu einem regelrechten Stressgenerator wird, zum Problem. Je stärker Stressbeschleuniger sind, umso größer wird die Wahrscheinlichkeit, dass es zu solchen Phänomenen kommt. Stressbeschleuniger spiegeln dabei letztlich unsere persönlichen Muster, bis hin zu Persönlichkeitsstörungen.

Ist das Lächeln der Kollegin beziehungsweise der Mitmenschen somit ein Stressor? Psychologisch gesehen ist alles, was als Stressor erlebt wird, ein Stressor. Es ist jedoch ein erheblicher Unterschied, ob man einen Stressor aus der Logik der gestressten Person heraus angeht („Ich verbitte mir entschieden, dass Sie mich anlächeln! Das lasse ich mir von Ihnen nicht bieten!") oder zunächst die innere Logik und den Sachverhalt hinterfragt. Letzteres ist schwierig, weil wir unsere subjektive Wahrnehmung in der Regel spontan als objektiv und damit als sachlich richtig erleben. Die beiden (realen) Beispiele zeigen, dass es im sozialen Miteinander oftmals nicht möglich ist, einen Stressor objektiv zu definieren.

Von Persönlichkeitsstörungen spricht man, wenn Muster derart unflexibel sind, dass sie bei den Betroffenen selbst und/oder bei deren Umwelt zu Leid führen. Unsichere Menschen neigen dazu, neutrale Äußerungen anderer als Kritik oder Angriff zu erleben. Dependente, also sehr anhängliche, sich ohne einen starken Partner hilflos fühlende Menschen werden von freundlich-kritischen Äußerungen ihres Partners „existenziell" getroffen. Narzisstische, also ihren eher schwachen Selbstwert überkompensierende Personen, reagieren dagegen häufig auf eine freundliche Kritik mit einer massiven Abwertung desjenigen, von dem sie sich unrechtmäßig angegriffen fühlen (zum Beispiel „Was soll das blöde Lächeln? Halten Sie sich da raus, Sie haben keine Ahnung!"). Vor diesem Hintergrund wäre es natürlich sehr hilfreich, wenn es bei Stress in sozialen Kontexten so etwas wie einen objektiven Normalmaßstab gäbe, anhand dessen man einen Stressor einschätzen könnte: Welcher Anteil von dem, was ich erlebe, ist in meinem sozialen Kontext als objektive Bedrohung zu werten, wie viel geht auf das Konto meiner persönlichen Muster? Wenn das so einfach wäre!

Unser aller Ausgangssituation ist, dass wir oft davon überzeugt sind, dass wir eine Situation richtig wahrnehmen. Wenn wir unsere Stressbeschleuniger auf dem „Thermometer" dokumentieren, entspricht das unserer Perspektive auf uns selbst und ist eine gute Grundlage, auf der man seine Stressbeschleuniger entschärfen kann. Aber ob das die „Wahrheit" ist, können wir selbst nur bedingt einschätzen. Um sich dieser Frage anzunähern, könnten Sie die Stressbeschleuniger-Thermometer einem Ihnen nahestehenden, aufgeschlossenen Menschen geben (ohne sie ausgefüllt zu haben), mit der Bitte: „Du kennst mich lange und gut! Es wäre mir eine große Hilfe, wenn Du aus deiner Perspektive heraus einschätzen könntest, inwieweit diese Thermometer für mich relevant sind." Bitte nehmen Sie die Außeneinschätzungen der Ihnen nahestehenden Person freundlich mit Dank entgegen! Und bitte an dieser Stelle nicht diskutieren. Es gibt bezüglich persönlicher Muster kaum objektive Wahrheiten, sondern vor allem unterschiedliche Perspektiven!

Im Folgenden werden die hinter den einzelnen Stressverstärkern stehenden Muster näher vorgestellt, um dann in einem weiteren Schritt Möglichkeiten zu deren Entschärfung aufzuzeigen. Es ist

STRESSBESCHLEUNIGER ENTDECKEN

In wieweit treffen die über den Thermometern stehenden Aussagen auf Sie zu? Wenn sie voll und ganz bzw. sehr stark zutreffen, dann entspricht das der 8, wenn sie gar nicht zu treffen der 0.

Habe hohe Ansprüche

Mache keine Fehler, sonst bist du ein Versager

Sei anerkannt und beliebt

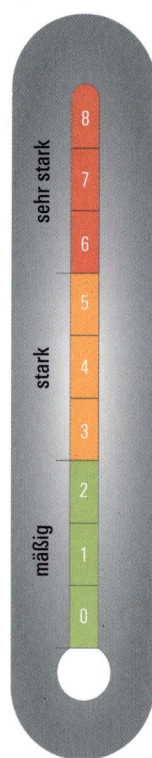
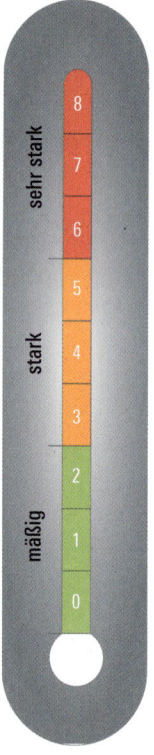

Mache dich für Misserfolge verantwortlich	Bitte niemals um Hilfe und Unterstützung	Scheue Unsicherheit und Risiko	Andere sollten deinen Erwartungen entsprechen
	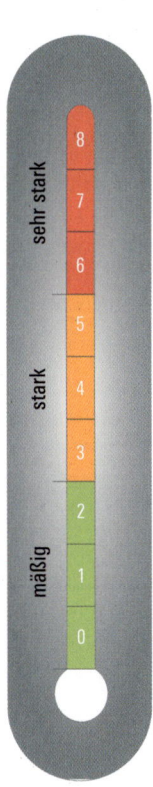	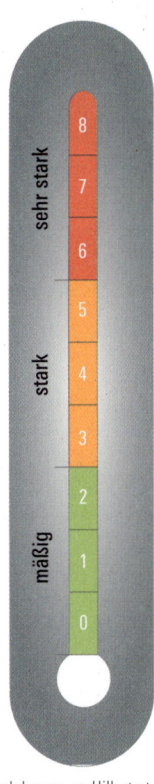	

Quelle: In Anlehnung an Hillert et al. Arbeit und Gesundheit im Lehrerberuf (AGIL) – Das individuelle Arbeitsbuch, 2019

hilfreich, sich dabei auf einen bis maximal drei für einen persönlich relevante Stressverstärker zu konzentrieren. Wenn Sie die übrigen Stressverstärker-Texte überspringen, hilft Ihnen dies dabei, sich auf die für Sie wesentlichen Themen zu konzentrieren.

Habe ich hohe Ansprüche?

„Hohe Ansprüche", vor allem an sich selbst, zu haben, war die Prämisse für viele Menschen, gerade auch der etwas älteren Generationen (wie etwa der Baby-Boomer). Man hatte mehrere Geschwister, in den Schulklassen saßen mehr als 30 Schülerinnen und Schüler. Wirtschaftlich ging es aufwärts. Die Eltern arbeiteten, damit es die Kinder später besser haben, und auch die Kinder selbst lernten früh, für „Extras" zu arbeiten. Wegen jedes kleinen Problems zu den Eltern zu laufen, kam nicht infrage. Gute Schulleistungen wurden erwartet. In einigen Familien gab es Prämien für gute Schulnoten: für eine Eins im Zeugnis fünf Mark, für eine 2 noch zwei Mark, für eine 3 nichts und für schlechtere Noten wurde etwas abgezogen. Die sichersten Methoden, um positiv aufzufallen, waren somit gute Noten und öffentlich anerkannte Leistungen: im Sport, in der Musik, im sozialen Bereich. Da Leistung und hohe Ansprüche selbstverständlich waren, war die Anerkennungshalbwertszeit für gute Leistungen kurz. Nach einem guten Zeugnis ist vor dem nächsten Zeugnis.

> **EINE SACHE DER SOZIALISIERUNG:** Die Maßstäbe, die wir an uns selbst anlegen, haben wir von unseren Eltern und den Menschen unserer näheren Umgebung gelernt, indem wir sie entweder übernommen oder uns später im Leben von ihnen emanzipiert haben. So oder so sind wir ein Spiegelbild unserer Lebensgeschichte.

Wenn Sie nun der Überzeugung sind, es sei besser, ab sofort keine hohen Ansprüche mehr zu haben, sollten Sie erst einmal weiterlesen. Denn so einfach ist es leider nicht! Tatsächlich hat es auf den ersten Blick enorme Vorteile, hohe Ansprüche zu haben. Wer hohe Ansprüche an sich selbst hat, ist meist fleißig und strebsam. Wer fleißig und strebsam ist, ist gut in der Schule, besteht Prüfungen und macht Karriere. Auch fürs Image ist die Leistung, die aus hohen Ansprüchen entsteht, gut.

Ein kleiner Selbsttest: „Ich bringe Leistung und werde dafür anerkannt. Darauf bin ich stolz!" Bitte diesen Satz dreimal laut lesen und darauf achten, wie Sie sich fühlen. Je „stressiger" und unangenehmer es für Sie ist, umso stärker ist dieser Stressverstärker bei Ihnen ausgeprägt. Eigentlich müssten Sie noch viel mehr leisten, um stolz sein zu dürfen! Stolz sein, egal wie viel man leistet, ist unanständig! Zweite Möglichkeit: Umso schüchterner und unsicherer sind Sie (oder beides).

Die Nachteile dieses Musters sind offenkundig. Für das Selbstwertgefühl sind hohe Ansprüche ambivalent: Wenn man seinen Ansprüchen entspricht, ist alles gut. Wenn nicht, ist Stress angesagt. Wenn hohe Ansprüche überdosiert sind, führt dies zum Verlust der Bodenhaftung. Was immer man tut, es reicht nicht. Selbst dann, wenn die Leistungen, die man bringt, weit über das hinausgehen, was andere von einem erwarten (und honorieren). Also noch mehr leisten, noch mehr Einsatz bringen, eine Schraube ohne Ende, ohne Hoffnung auf ein Happy End. Wenn Kollegen sagen „Du musst doch nicht immer 150 Prozent bringen, es reicht auch so", wird dies gern überhört. Die hohen Ansprüche auch an andere zu stellen, führt zu Konflikten und wird als Arroganz erlebt, obwohl arrogant oft das letzte ist, was Menschen mit hohen Ansprüchen sein wollen. Wer seine „hohen Ansprüche" reduzieren will, muss auf die skizzierten Vorteile verzichten, um die Nachteile zu reduzieren.

Bin ich bei Fehlern ein Versager?

Keine Fehler zu machen, hat Vorteile: Man riskiert wenig, zumindest nicht, in der Gesellschaft negativ aufzufallen und an etwas „schuld" zu sein. Vermutlich macht man, wenn dieses Muster für einen relevant ist, zunächst einmal auch weniger Fehler, weil man aufmerksamer und akribischer ist. Fehler zu machen: die Horror-Vision schlechthin! „Ich habe einen Fehler gemacht, alle haben es gemerkt, ich muss dafür grade stehen und bin blamiert …" Wie unangenehm wäre dieser Satz für Sie? Sicher, alle Menschen machen Fehler. Aber wenn man selber einen Fehler macht, ist das für viele Menschen eine Katastrophe. Danach fühlen sich diese klein, hilflos, blamiert, wertlos und ausgestoßen. Der „Mache-keine-Fehler-Stressbeschleuniger" kann etwas mit strengen Eltern zu tun haben, aber auch mit Unsicherheit allgemein. Auch dieses Muster hat seine Vorteile:

Wer keine Fehler macht, vermeidet Risiken und Konflikte, er fällt nicht negativ auf und ist ein wertvolles Mitglied der Gesellschaft. Die Nachteile dieses Musters sind ebenfalls offenkundig: Keine Fehler machen zu wollen, erhöht den Stress und reduziert die Wahrscheinlichkeit, Abenteuer zu erleben. Mit erhöhter Grundanspannung steigt letztlich die Wahrscheinlichkeit, tatsächlich Fehler zu machen. Zudem: Je komplexer die Aufgabe ist, mit der man zu tun hat, umso länger dauert es bis klar wird, ob eine bestimmte Handlung ein Fehler war oder nicht. Je intensiver man keine Fehler machen will, umso mehr steigt das Fehlerrisiko. Souveränität liegt ziemlich genau dazwischen. Wenn „Mache keine Fehler" Ihr Motto ist, brauchen Sie Selbstsicherheit und Risikobereitschaft, um dieses Muster zu entschärfen. Wollen Sie entsprechend investieren?

Will ich immer anerkannt und beliebt sein?

„Die XY macht ihre Arbeit gut. Aber so unsympathisch wie sie ist, will man lieber nichts mit ihr zu tun haben!" Wenn Sie in diesen Satz Ihren Namen einfügen und ihn dann dreimal laut lesen, wie fühlen Sie sich dabei? Vermutlich nicht gut. Könnten Sie damit im realen Leben umgehen? Es gibt Menschen, denen es weitgehend egal ist, wie andere über sie denken. Und es gibt Menschen, für die es ein Super-GAU wäre, abgelehnt zu werden. Wo in diesem Spektrum würden Sie sich verorten? Gesunde Menschen sind soziale Wesen. Sich von den Menschen, die einem wichtig sind, nicht anerkannt und gemocht zu fühlen, ist (fast) für jeden belastend. Im subjektiven Erleben ist dies weitgehend identisch mit Einsamkeit.

> **DER SCHMERZ DER EINSAMKEIT:** Wenn wir uns einsam fühlen, kommt es in unserem Gehirn zu Mustern, die denen von körperlichen Schmerzen ähnlich sind (es gibt sogar Studien, die zeigen, dass Schmerzmittel Einsamkeit ein Stück weit erträglicher machen). Entsprechend ähnlich sind unsere Reaktionen auf Schmerz und auf Stress: Wir versuchen, Situationen dieser Art nach Möglichkeit zu meiden.

Man kann zwar soziale Kontakte und damit mögliche Kritik und Ablehnungen vermeiden. Doch emotionale Wertschätzung bekommt man dadurch nicht. Um beliebt und anerkannt zu sein, muss man präsent sein, sich auf die Erwartungen seiner Umwelt einstellen und ihnen ein Stück weit entsprechen. Doch wie weit darf dieses „ein Stück weit" gehen? Und wenn Sie das nicht wollen: Wie lange können Sie die Einsamkeit ertragen? Schwierig an diesem Stressbeschleuniger ist die Verbindung von einem zumindest grundsätzlich auf direktem Weg über Leistung erreichbaren und einem erheblich subtileren Aspekt: „Sei anerkannt!" versus „Sei beliebt!".

Wovon hängt es ab, ob man beliebt ist und gemocht wird? Wichtige Aspekte sind Leistung, Freundlichkeit, Rücksichtnahme auf andere, Unterstützung, die man gibt, und einiges mehr. Vermutlich braucht es von alledem etwas. Aber egal, was man diesbezüglich tut, eine Garantie darauf, gemocht zu werden, gibt es nicht. Eine Rolle spielt auch, bei welchem Personenkreis man beliebt sein möchte. Unsere Psyche hilft uns bei diesen Anpassungsleistungen, indem wir – ohne es zu merken – doppelte Buchführung betreiben. Den Eltern haben wir stolz unsere guten Noten präsentiert, gegenüber den Mitschülern war uns das „total egal", ohne dass wir uns deswegen „unauthentisch" gefühlt hätten. Schwierig und schmerzhaft wird es gelegentlich dann, wenn uns solche Anpassungsleistungen bewusst werden und uns in Bereiche führen, in denen wir, um beliebt zu sein, gegen andere uns wichtige Normen verstoßen. Etwa wenn man ständig die Arbeit für eine Kollegin erledigt, weil man von ihr gemocht werden möchte. Je geringer der Selbstwert und je höher die Unsicherheit, umso größer ist die Wahrscheinlichkeit, dass man kräftemäßig oder ethisch-moralisch über seine eigenen Grenzen geht. Perspektivisch heißt das: Wer diesen Stressbeschleuniger entschärfen will, muss sowohl an seinem Selbstwert als auch an seiner sozialen Kompetenz arbeiten.

Wer darauf beharrt, dass jeder Mensch das Recht habe, so zu sein, wie er ist, und die Gesellschaft die Pflicht habe, ihn so, wie er ist, anzuerkennen, hat ein wenig tragfähiges Weltbild. Nur Psychotherapeuten müssen ihre Klienten so nehmen, wie sie sind, und sich komplementär verhalten, also zunächst einmal deren Erwartungen erfüllen. Kann man das von der Gesellschaft erwarten? Therapeuten werden dafür bezahlt. Bei Freunden und in der Familie geht es ein Stück weit, ansonsten aber wird es von Seiten des Individuums nicht ohne Anpassungsleistungen gehen, wenn man denn Teil einer Gruppe bleiben und nicht wie ein Patient behandelt werden möchte.

Die Vorteile dieses Musters sind offenkundig: Wer beliebt und anerkannt sein will und danach handelt, der vermeidet Konflikte und entspricht den Erwartungen anderer. Er ist nicht einsam und hat es leichter, Unterstützung beziehungsweise verschiedene Formen von Zuwendung zu bekommen. Die Nachteile dieses Musters liegen allerdings genauso offen zutage: Um Einsamkeit zu vermeiden und gemocht zu werden, tut man möglicherweise Dinge, die einen überfordern, die man für unangemessen und für nicht vertretbar hält.

Mache ich mich für Misserfolge verantwortlich?

Kennen Sie Menschen, die bei allem, was schief gegangen ist, „Alles meine Schuld!" sagen? Neigen Sie gegebenenfalls selbst dazu? Zu eigenen Fehlern stehen zu können, ist eine Form von Stärke, die Anerkennung verdient! Aber das ist bei diesem Muster nicht gemeint. Es geht um den Automatismus, sich immer dann, wenn irgendetwas schief gelaufen ist, auch wenn der eigene Anteil daran gering ist, selbst verantwortlich zu machen. Dem können unterschiedliche Motive zugrunde liegen. Jede Gruppe braucht gelegentlich einen Sündenbock, damit die anderen sich wohl fühlen können. Derjenige, der freiwillig diese Rolle übernimmt, leistet der Gruppe einen Dienst, der allerdings ambivalente Qualitäten hat. Einerseits ist es gut, dass jemand verantwortlich ist. Andererseits trägt dies nur bedingt zu dessen positiver Reputation bei und hilft praktisch nicht weiter. Verantwortung zu übernehmen und sich nachträglich für Misserfolge verantwortlich zu machen, ist nicht das gleiche. Sich verantwortlich zu machen, hat einen resignativen Aspekt, der den Selbstwert der betreffenden Person mindert. Wer sich ständig für Misserfolge aller Art verantwortlich macht, der wird sich kaum im positiven Sinne „selbstwirksam" fühlen. Diese Form der Selbstzerfleischung provoziert maximalen selbstgemachten Stress. Es kann aber auch zu einem „Ich-bin-an-allem-schuld-Automatismus" werden, mit eher geringer emotionaler Tiefe. Schmerzhaft und für alle Beteiligten nur bedingt hilfreich sind beide Varianten.

Ein Vorteil dieses Musters ist: Wer sich notorisch für Misserfolge verantwortlich macht, demonstriert vor anderen und vor sich selber: Verantwortungsübernahme. Das fördert die Anerkennung und

Beliebtheit. Wer selbst die Verantwortung übernimmt, vermeidet zudem, diese von anderen zugeschoben zu bekommen. Und so makaber es klingt: Sich selbst zu geißeln, kann durchaus mit Lustgewinn einhergehen. Der große Nachteil dieses Muster liegt offen zutage. Grundsätzlich die Verantwortung für Misserfolge zu übernehmen, erhöht die Angst vor Fehlern und reduziert den Selbstwert.

Fällt es mir schwer, um Hilfe und Unterstützung zu bitten?

„Immer wenn es schwierig wird, will sie von uns Unterstützung! Kann die nicht auch einmal ihre Aufgabe allein machen? Langsam müsste sie doch wissen, wie es geht?!" Wenn Sie diesen Text dreimal laut mit Ihrem Namen lesen, bekommen Sie ein Gefühl dafür, wie relevant der „Bitte-niemals-um-Hilfe-Stressbeschleuniger" für Sie ist. Könnten Sie damit umgehen, wenn Kollegen so über Sie denken und reden?

> **ES GEHT UM DIE POSITIONIERUNG:** Wie sehen uns andere? Aus kollektivistischer Perspektive ist die Gruppe alles, das Individuum nichts. Wer so denkt, bittet eher nicht um Hilfe. Aus individualistischer Perspektive (die aktuell bevorzugt wird) ist es umgekehrt. Hier kann es passieren, dass eher zu viel gefragt wird, weil man sich selbst wiederum zu wichtig nimmt.

Andere Menschen nicht unnötig belasten zu wollen und die eigenen Ansprüche hinter denen der Gruppe zurückzustellen, spiegelt so gesehen eine eher traditionelle Perspektive. Das Motto lautet: Bevor ich anderen meine Fragen zumute, quäle ich mich lieber selbst damit herum. Wobei das ökonomisch gesehen oft nicht sinnvoll ist: Kommunikation ist mitunter viel effektiver, als wenn jeder das Rad neu erfindet. Die Dynamik des „Bitte-niemals-um-Hilfe-Stressbeschleunigers" führt letztlich dahin, dass wir Menschen, die potenziell helfen könnten, gar nicht erst fragen. Entweder weil wir vorab davon ausgehen, dass diese sowieso schon genug belastet sind, oder weil wir befürchten, dass diese über uns und unser Anliegen nur Negatives denken und sich möglicherweise hinter unserem Rücken über uns lustig machen. Im letztgenannten Fall hat der

Stressbeschleuniger offenkundig etwas mit einem fragilen Selbstwert zu tun. Der große Vorteil dieses Musters ist: Wer andere nicht belastet, wird gemocht und nicht abgelehnt. Man belästigt niemanden und stiehlt niemandem die Zeit. Außerdem erfährt niemand, welche Probleme und Schwierigkeiten ich habe! Die Nachteile jedoch wiegen schwer. Wenn ich nicht mitteile, dass und wo ich Fragen und Probleme habe, ist die Wahrscheinlichkeit gering, dass ich Unterstützung bekomme. Probleme als solche zu kommunizieren, ist so gesehen mutig, weil es Selbstoffenbarung beinhaltet. Letztere ist langfristig die Basis, auf der eine intensivere persönliche Kommunikation stattfinden kann. Wer nichts über sich preisgeben will, wird auch kaum etwas über andere erfahren.

Scheue ich Unsicherheit und Risiko?

Wer immer strebend sich bemüht, den Situationen auszuweichen, die problematisch werden könnten, der reduziert seinen Stress. Zumindest solange er ausweichen kann. „Harm avoidance", also die Tendenz, möglicherweise unangenehme Situationen zu vermeiden, hat eine nachgewiesene genetische Komponente.

> **BEREITS KLEINE KINDER** unterscheiden sich in ihrer Tendenz, entweder gern Risiken in Kauf zu nehmen („sensation seekers"), also etwa auf alles hinaufzuklettern, was geeignet erscheint, oder genau das Gegenteil zu praktizieren: Bloß kein Risiko – so eng wie möglich bei der Mama ist der beste Platz, den man haben kann.

Und Sie? Sind Sie eher ein Risiko- oder eher ein Vermeidungstyp? Auch hier gibt es Vorteile. Wer absehbare Risiken vermeidet, verringert die Wahrscheinlichkeit, mit Stressoren, denen er sich nicht gewachsen zu sein glaubt, konfrontiert zu werden. Keine blauen Flecken, kein Schmerz, keine peinlichen Situationen. Klingt erstmal gut. Eben das kann langfristig nachteilig sein: Wer sich nicht mit Risiken konfrontiert, lernt auch nicht, mit ihnen umzugehen. Er kann nicht die Erfahrung machen, dass sich solche Herausforderungen bewältigen lassen. Stresswellensurfen lernt man so sicher nicht und Flow-Konstellationen sind auch nicht zu erwarten, was die Lebensqualität verringern kann.

Sollen andere meinen Erwartungen entsprechen?

Stellen Sie sich vor (falls Sie es nicht sein sollten), Sie seien eine Lehrerin oder ein Lehrer. Sie geben sich Mühe und erklären einem Schüler immer und immer wieder, wie er eine bestimmte Aufgabe lösen kann. Egal, wie Sie es erklären und wie viel Mühe Sie sich machen, den Schüler scheint es nicht zu interessieren. Er macht immer wieder die gleichen Fehler. Welches Gefühl hätten Sie in dieser Situation?

Wenn „Andere sollen Deinen Erwartungen entsprechen" für Sie ein relevanter Stressbeschleuniger ist, dann erleben Sie diese Situationen persönlich als kränkend und frustrierend. Wenn Sie jemandem helfen, dann mit der impliziten Erwartung, dass er diese Hilfe auch annimmt. Ist das nicht der Fall, ist das für Sie fast schon ein feindseliger Akt. Weil ich mich intensiv für andere einsetze, kann ich erwarten, dass mein Einsatz von anderen anerkannt und honoriert wird. Wenn die Rechnung aufgeht, stärkt es meinen Selbstwert und reduziert zunächst Stress. Allerdings gilt auch: Wer von anderen etwas erwartet, was de facto nicht als selbstverständlich vorausgesetzt werden kann, wird immer wieder enttäuscht werden. Diese Enttäuschung bedeutet Stress, was in diesem Fall für Frust und Rückzug sorgt, im Sinne von „dann eben nicht ...".

Was Stressbeschleuniger so gefährlich macht

Stressbeschleuniger führen dazu, dass bestimmte Stressoren als extrem stressig erlebt werden. Diese Muster konnten sich etablieren, weil sie ursprünglich zumindest kurzfristig Stress verringern. Stressbeschleuniger zu entschärfen bedeutet, wie wir im nächsten Kapitel sehen werden, zunächst einmal mehr Stress! Trotzdem: Langfristig lohnt es sich, sie zu entschärfen, auch wenn das (wie bei allen Zeitbomben, bei denen man den Zünder herauszudrehen versucht) zunächst mit zusätzlichem Stress einhergeht. Wie das mit dem Entschärfen geht, sehen wir uns jetzt an.

MEINE STRESS-BESCHLEUNIGER

Wenn Sie Ihre Stressbeschleuniger-Thermometer ansehen (siehe S. 92): Welche Stressbeschleuniger sind bei Ihnen am stärksten ausgeprägt?

Welche sind Ihre drei am stärksten ausgeprägten Stressbeschleuniger, also diejenigen, die bei Ihnen im Alltag am häufigsten Stresskonstellationen zur Folge haben? Die Reihenfolge legen Sie spontan fest. (Selbstverständlich kann sich das, je nach Lebenssituation, anders darstellen. Für unsere Beschäftigung mit den Stressbeschleunigern ist die Reihenfolge zunächst einmal nicht entscheidend.)

MEIN STÄRKSTER STRESS-BESCHLEUNIGER: _____

_____

MEIN ZWEITSTÄRKSTER STRESSBESCHLEUNIGER: _____

_____

MEIN DRITTSTÄRKSTER STRESSBESCHLEUNIGER: _____

_____

Und nun anders gefragt: Wenn Sie bei einer guten Fee einen Wunsch frei hätten, welchen Stressbeschleuniger würden Sie von ihr – selbstverständlich auf wunderbare Weise und kostenlos – entschärfen lassen? Vielleicht hilft Ihnen diese Frage, die Kandidaten für Ihr persönliches Stressentlastungsprojekt zu identifizieren!

Grundsätzlich dürfte deutlich geworden sein, dass es unmöglich ist, keine Stressbeschleuniger zu haben. Sie markieren wunde Punkte unserer Person. Keine Stressbeschleuniger mehr haben zu wollen, ist in unserer Lebenswirklichkeit illusorisch. Entsprechend geht es darum, besonders störende Stressbeschleuniger so zu entschärfen, dass sie keine für uns schädliche Eigendynamik mehr entwickeln.

Jetzt wird's knifflig: Stressbeschleuniger entschärfen

Ihre Stressbeschleuniger kennen Sie jetzt. Schauen wir uns nun an, was Sie gegen sie tun können.

Was fällt Ihnen auf, wenn Sie sich Ihr Stressverstärkerprofil ansehen? Zunächst einmal dürfte Sie das Ergebnis kaum überraschen. Wenn man die Stressbeschleunigerprofile mehrerer Leser abgleichen würde, dann würden wir zunächst einmal ähnliche Muster finden. So haben viele der etwas älteren Menschen in Deutschland „hohe Ansprüche", gefolgt von „sei beliebt und anerkannt". Das sind eben die Prämissen, unter denen Menschen dieser Altersgruppe aufgewachsen sind. Ansonsten aber gilt: Ihr Stressverstärkerprofil ist so individuell wie Sie! Selbst in größeren Gruppen findet man kaum zwei absolut gleiche Profile.

In Studien hat man versucht herauszufinden, ob und inwieweit sich die soeben dargestellten Stressverstärker verändern lassen. Dabei zeigten sich erhebliche Unterschiede. Recht gut lassen sich beispielsweise die Stressbeschleuniger „Mache keine Fehler, sonst bist Du ein Versager" oder auch „Bitte niemanden um Hilfe und Unterstützung" angehen. Am schlechtesten schneidet „Habe hohe Ansprüche" ab. Warum das so ist? Zum einen sind „hohe Ansprüche" eine oft recht subjektive Kategorie. Man gerät dabei leicht in unendliche Diskussionen nach dem Muster von: „Meine Ansprüche sind

nicht zu hoch, in meinem Beruf muss man die einfach haben …"
Vor allem aber haben Menschen, die sich zu diesem Stressverstärker bekennen, ihn meist „mit der Muttermilch aufgesogen", etwa mit dem Lob, das es als Kind für gute Schulnoten gab.

> **GELERNT IST GELERNT:** Je intensiver und langfristiger ein Muster trainiert wurde und je wichtiger es für unseren Selbstwert ist, umso schwieriger lässt es sich verändern. Insofern ist das häufig zu hörende „Ich muss lernen, meine Ansprüche zu reduzieren! Ich muss nicht 150-prozentig sein!" ein frommer Wunsch, der sich zumindest auf direktem Wege kaum erfüllen lässt.

Bei „Mache keine Fehler, sonst bist Du ein Versager" lassen sich die dahinterstehenden übersteigerten Ideen und Bewertungen offenbar oft recht erfolgreich aushebeln. Und was „Bitte niemanden um Hilfe und Unterstützung" anbelangt, kann man seine Mitmenschen direkt fragen, was diese tatsächlich denken, wenn man sie um Hilfe bittet. Zumeist erfährt man dann, dass diese uns und unser Problem erheblich entspannter wahrnehmen, als wir befürchten. Man muss sich eben trauen. Insofern: Wenn bei Ihnen ein anderer Stressverstärker (fast) ebenso ausgeprägt sein sollte wie eben „Habe hohe Ansprüche", dann fangen Sie bei diesem an! Falls Sie die Frage nach den für Sie relevantesten Stressbeschleunigern – etwa wenn auf den Thermometern mehrere gleich hoch waren – nicht spontan beantworten können, aber auch wenn es darum geht, Stressbeschleuniger systematisch zu entschärfen, bietet es sich an, ein Stressbeschleuniger-Tagebuch zu führen. Das muss keine aufwendige Sache sein! In der Regel reicht es aus, die eigenen Beobachtungen einmal am Tag, vorzugsweise am Abend, zu dokumentieren.

Stressbeschleuniger-Entschärfung: zum Einstieg

Wenn Sie Ihre Stressbeschleuniger auf den Thermometern markiert haben: sehr gut! Bereits der Umstand, Ihre Stressbeschleuniger als solche reflektiert zu haben, ist ein wichtiger Schritt in Richtung ihrer Entschärfung. Warum? Weil Ihnen ein Stück Naivität verloren

MEIN STRESSTAGEBUCH

Wenn Ihnen das Ausfüllen schwerfällt: Das Beispiel unten zeigt, wie es gemeint ist und funktioniert.

TAG/UHRZEIT/ORT:

_____

SITUATION:

_____

_____

_____

STRESSBESCHLEUNIGER:

_____

_____

ERGEBNIS:

_____

BEISPIEL:
Tag/Uhrzeit/Ort: Donnerstag, 12. August, gegen 11 Uhr in der Firma
Situation: Ich bekomme vom Chef eine Email: Ich möge doch bitte kurzfristig bei ihm vorbeischauen.
Stressbeschleuniger: „Mache keine Fehler!" Ich denke, dass der Chef bemerkt hat, dass ich gestern die Liste mit den Bestellungen nicht fertig eingegeben habe, und er mich jetzt fertigmachen will.
Ergebnis: Ich bin im Stress, sehr angespannt, will mich rechtfertigen (die Kollegin hat ihre Liste auch noch nicht fertig, zu viel Arbeit usw.). Der Chef zeigt mir einen Brief, in dem sich ein Kunde für den guten Service unserer Firma bedankt. Da ich zuständig bin, wollte mir der Chef das persönlich mitteilen.

gegangen ist. Wenn Sie das nächste Mal in eine Situation geraten, in der ein Stressverstärker aktiv wird, dann dürfte Ihnen zumindest im Anschluss daran schnell deutlich werden, dass Ihre Reaktion eben nicht zwangsläufig oder alternativlos war.

 MIT DEN STRESSBESCHLEUNIGERN KOMMUNIZIEREN: Wenn Ihnen im Alltag einer Ihrer Stressverstärker auffallen sollte, begrüßen Sie ihn wie einen alten Bekannten. Etwa so: „Mein lieber ‚Sei-anerkannt-und-beliebt-Stressbeschleuniger'! Schön, dass du dich wieder derart stark bemerkbar machst! Bitte übertreib es nicht! Ich bin ein sozial gut integrierter Mensch und muss mich deshalb nicht derart verausgaben, wie du es gerade wieder erzwingen willst. Die Kollegen mögen mich auch so!"

Versuchen Sie, das für Ihre drei wichtigsten Stressbeschleuniger, also die, die Sie oben aufgeführt haben, ähnlich zu formulieren. Stressbeschleuniger haben zunächst einmal den Sinn und Zweck, Ihnen zu helfen. Seien Sie also freundlich, aber klar und deutlich. Das Tagebuch zu führen mag Ihnen als lästige Fleißaufgabe erscheinen. Doch wenn Sie Ihre Stressbeschleuniger zumindest einige Wochen täglich dokumentieren, haben Sie mit Sicherheit etwas erreicht, was deutlich zur Stressreduktion beiträgt. Wenn Sie es nicht tun, dokumentieren Sie, dass Ihnen das Stressbeschleunigerthema nicht so wichtig ist. Was ja durchaus positiv sein kann. Allerdings wird sich ohne Einsatz Ihrerseits in der Sache auch nichts in positiver Richtung verändern.

Lassen Sie sich nicht von Ihren Stressbeschleunigern überraschen!

Die Grundlage jeder Stressbeschleuniger-Entschärfung ist es, im Alltag möglichst schnell zu bemerken, wann sie „aufploppen", um sie dann freundlich zu begrüßen, zu enttarnen und verschwinden zu lassen. Wir schauen uns im Folgenden einige Strategien an, mit denen man einzelne Stressbeschleuniger angehen kann. Dabei müssen Sie abwägen: Bis wohin ist diese Stressbeschleuniger-Dynamik für mich vielleicht sogar gut, ab welchem – möglichst konkret zu definierenden Punkt – wird es zu viel? Ab wann muss entschärft werden? Die folgenden Beispiele sind nur ein kleiner Ausschnitt aus dem Spektrum an Möglichkeiten. Was die Relativierung von Stressbeschleunigern anbelangt, können hier nur einige grundsätzliche Strategien vorgestellt werden, die auf die jeweilige Konstellation hin angepasst werden können. Bei der Umsetzung ist jeweils zu beachten: Zunächst einmal macht es mehr Stress, seine Stressbeschleuniger herauszufordern, als an Entlastung herauskommt! Wer das einkalkuliert und bereit ist, zwischenzeitlich mehr Stress auszuhalten, hat gute Chancen, langfristig seinen Stress zu reduzieren.

Lassen sich hohe Ansprüche reduzieren?

Worauf beruht der Wunsch, Ihre hohen Ansprüche zu reduzieren? Das könnte die Einsicht sein, dass vieles von dem, was Sie ehemals als „hohe Ansprüche" erlebt haben, unsinnige Prinzipienreiterei war. Sie haben es sich zwar angeeignet, wollen es nun aber als überflüssigen Ballast abwerfen. Das wäre ein guter Grund. Es kann aber auch sein, dass Sie einen resignativen Impuls verspüren. Im Sinne von: „Wenn die anderen es locker angehen lassen, warum bin ich so blöd und rackere mich ab?" Oder Sie haben schlicht das Gefühl: „So schaffe ich es einfach nicht mehr!"

Warum Ihre Antwort auf die Frage wichtig ist? Im erstgenannten Fall dürften die Chancen, dass es funktioniert, deutlich besser sein als im zweiten. Im ersten Fall sind die hohen Ansprüche kein elementarer Bestandteil Ihrer Identität (mehr), im zweiten schon noch. Da wirkt die Herangehensweise eher trotzig, denn wollen Sie wirklich so „locker" und nachlässig sein wie andere? Das kann sich wie eine Kapitulation anfühlen, die Ihrem Selbstwert abträglich wäre. Andererseits sind der Selbstwert und das Gefühl, etwas erreichen zu können, letztlich genau das, was man braucht, um an seinen Mustern etwas zu verändern. Die dritte Variante liegt zwischen den anderen beiden.

Grundsätzlich sind – zumal in einer Leistungsgesellschaft – hohe Ansprüche etwas Gutes. Wenn Sie hohe bis höchste Ansprüche an sich haben, dann ist vielleicht folgender Hinweis wichtig: Im Leistungssport geht es um Höchstleistungen. Genau da liegt das

Problem: Wer an sich ständig hohe Anforderungen stellt, also immer nur Druck macht, wird absehbar scheitern! Die Grundanspannung ist dann schon vor dem Wettkampf so groß, dass der Sportler kaum seine maximale Leistung zeigen wird. Also: locker bleiben, eben nicht um jeden Preis perfekt sein wollen, es spielerisch angehen (Fußballprofis üben Gummihtwist), um dann hohe Ansprüche tatsächlich umsetzen zu können. Es geht somit nur paradox: Wer höchste Ansprüche hat, muss es gerade deswegen locker nehmen. Ohne Spaß an der Sache geht es nicht, also: auf den Stresswellen surfen!

Wenn Sie sich über Ihre Motive im Klaren und sicher sind, dass Ihre „hohen Ansprüche" Ihre Lebensqualität reduzieren: Legen Sie los und entschärfen Sie sie! Konkret: Was wollen Sie entschärfen? Um Veränderungsprojekte so effizient wie möglich zu gestalten, sollten sie „smart" sein, also: spezifisch, messbar, attraktiv, relevant und terminiert (d.h. in absehbarer Zeit erreichbar). Nehmen wir folgendes Beispiel: Sie wollen keine Überstunden mehr machen und abends pünktlich das Büro verlassen, auch wenn die Arbeit noch nicht vollständig erledigt ist. Was wäre „smart" in unserem Beispiel? Da wäre es günstig, etwa die genaue Uhrzeit zu definieren, zu der Sie nach Hause gehen wollen. Und dann brauchen sie konkrete Konzepte für den Fall, dass Sie vom Chef beim Verlassen des Büros angesprochen werden: „Ach, Sie wollen schon gehen? Da wäre noch etwas, was wir uns unbedingt ansehen müssten ..."

Und nicht zuletzt: Was tun Sie, wenn Sie dann tatsächlich früher zu Hause sind? Auf dem Sofa liegen und sich Gedanken machen, was man noch im Büro hätte tun sollen? Das ist sicher die schlechteste aller denkbaren Lösungen. Sie könnten einen am folgenden Tag dazu bringen, doch wieder länger zu bleiben. Besser und konkreter wäre hier zum Beispiel eine Verabredung mit einem Freund.

 DIE UMSETZUNG: Diese Methode sollte auf Regelmäßigkeit angelegt sein und nur wenige Ausnahmen zulassen. Reflektieren Sie: Warum habe ich bislang auf die alte Weise „funktioniert" und wie geht es mir, nachdem ich begonnen habe, mein Veränderungsziel umzusetzen?

Viele Entlastungsprojekte zum Thema „hohe Ansprüche" laufen darauf hinaus, weniger Zeit und Energie für umschriebene Aufgaben aufzuwenden. Was machen Sie dann mit der frei gewordenen Zeit und der Energie? Es empfiehlt sich, konkrete (smarte) Erholungsvorhaben zu definieren: Sport treiben, Kaffeetrinken gehen mit einem guten Freund oder andere schöne Dinge. Da der „Habe-hohe-Ansprüche-Stressbeschleuniger" meist hartnäckig ist, wird es eher um Monate als um Wochen gehen, in denen immer wieder nachgearbeitet und geübt werden muss, bis sich die entschärften Muster dann automatisiert haben und selbstverständlich geworden sind.

Einen guten Umgang mit eigenen Fehlern finden

Um welche Fehler geht es hier für Sie konkret? Geht es um Fehler im Beruf, die erhebliche negative Konsequenzen haben können (etwa wenn ein Chirurg das falsche Bein operiert), oder um Fehler, deren Konsequenzen eher relativ sind, etwa sich in einer Präsentation so zu verhaspeln, dass die Zuhörer lachen? In vielen Fällen wird sich diese Frage nicht abschließend klären lassen, schon deshalb, weil sich zumindest theoretisch auch aus kleinen Fehlern große Konsequenzen ergeben könnten. Aus psychologischer Sicht geht es letztlich immer um das Thema „Erhöhung der Fehlertoleranz", denn je mehr ich mich vor Fehlern fürchte, umso höher wird ab einem gewissen Punkt die Wahrscheinlichkeit, welche zu machen.

Warum tolerieren wir Fehler eher bei anderen als bei uns selbst? Das hängt davon ab, wie wir uns sehen. Definiere ich mich kategorisch als „Versager", liegt nahe, dass es hier letztlich um ein Selbstwertthema geht. Menschen, die sicher und souverän sind, können mit Fehlern in der Regel offen und gut umgehen. Die Fehler werden nicht vertuscht, man drückt sein Bedauern aus und bemüht sich, entstandenen Schaden zu beheben. Menschen, für die Fehler zu machen eine persönliche Katastrophe bedeuten, können das nicht. Entweder weil sie sich selbst gegenüber mitunter groteske Ansprüche haben (etwa „Wer Fehler macht, verdient es nicht, von anderen geachtet zu werden!") oder weil man es sich nicht zutraut, sozial kompetent mit den Folgen umgehen zu können. Dazu kommt Angst: „Was denken die anderen, wenn ich einen Fehler mache? Die halten mich für faul und dumm!" Perspektivisch funktioniert die Entschärfung dieses Stressverstärkers dadurch, dass man es lernt, innere Unsicherheiten und Spannungen auszuhalten und damit im jeweiligen Kontext angemessen umzugehen.

☞ **ANGST VOR DEN ANDEREN:** Menschen mit sozialen Ängsten tun sich in der Gemeinschaft mit anderen sehr schwer, insbesondere dann, wenn sie sich in irgendeiner Form „präsentieren" müssen. Das gefühlt Schlimmste wäre, von anderen für merkwürdig oder dumm gehalten zu werden. Wer solche Ängste hat, tendiert dazu, auch kleine Gesten auf sich zu beziehen und als Bestätigung seiner Befürchtungen zu bewerten.

Solche Ängste führen zu sozialem Rückzug, der kurzfristig den Stress erheblich reduziert, langfristig jedoch verschlimmert. Wie kommt man aus solchen Mustern wieder heraus? Letztlich geht es darum, die schwierigen Situationen gezielt aufzusuchen. Nicht in der Hoffnung, dass es nicht so schlimm wird, sondern im Gegenteil! Gerade, wenn solche Ängste nicht gemieden werden, lässt sich beobachten, dass die Angst zwar zunächst tatsächlich ansteigt, dann aber auch relativ schnell wieder abfällt. Dies ist fast alternativlos: Spontane Stressreaktionen, etwa was die Adrenalin-Ausschüttung anbelangt, erschöpfen sich innerhalb weniger Minuten. Parallel dazu hat man dann Gelegenheit, die tatsächlichen Reaktionen der anderen zu erleben, auch indem man direkt danach fragt: „Wie habt ihr mich und meinen Vortrag erlebt?" Natürlich kann es vorkommen, dass man von anderen als ungeschickt oder unsympathisch erlebt wird, in aller Regel ist das aber die Ausnahme. Damit umzugehen, dass man es nicht jedem recht machen und immer überzeugend auftreten kann, gehört zum Leben wie das Ein- und Ausatmen. Gleichwohl: Was hier einfach und logisch klingt, ist in der Praxis eine Herausforderung, die man, wenn erforderlich, auch mit fachlicher Unterstützung angehen und bewältigen kann.

Sich selbst wertschätzen

Aus der Gruppe ausgestoßen zu sein, ist eine Urangst, die bereits unsere Steinzeit-Vorfahren plagte. Zudem ist es Balsam für das Selbstwertgefühl, von anderen geschätzt und anerkannt zu werden. Andererseits hat soziale Anerkennung geradezu Suchtcharakter. Gerade Menschen mit eher niedrigem Selbstwert würden fast alles tun, um beliebt und anerkannt zu sein. Lob hat dann oft eine geringe Halbwertszeit und muss häufig wiederholt werden.

☞ **GRENZEN ERKENNEN:** Wertschätzung kann nur der tragfähig annehmen, der sich selber hinreichend wertschätzt. Wenn wir sagen, wir würden „fast alles tun, um …": Wo liegt die gesunde Grenze? Ab wann gerät man durch den Wunsch nach Anerkennung in eine Dynamik, die einem Stressbeschleuniger entspricht? Verbindlich festgelegt ist diese Grenze nicht. Sie ist so variabel wie die Individualität von Menschen und Normen.

Letztlich muss heute jeder für sich die entsprechenden Grenzen definieren, spüren und einhalten, an denen es über das hinausgeht, was man ertragen und tolerieren will. Die hinter dem Stressbeschleuniger „Sei anerkannt und beliebt" liegende Dynamik hat zudem oft etwas mit geringer Selbstwertschätzung zu tun! Entsprechend kann man an verschiedenen Enden der Thematik mit dem „Entschärfen" beginnen: Man kann sozial angemessene Wertschätzung einfordern, etwa indem man sich Rückmeldungen über seine Tätigkeit geben lässt. Oder man kann das, was man für inhaltlich nicht gerechtfertigt hält, zurückschrauben und dann beobachten, wie sich das Verhalten der Mitmenschen einem gegenüber verändert. Wenn letzteres tatsächlich etwas abgekühlter sein sollte, dann muss man das aushalten. Anders kommt man nicht aus der Falle heraus.

Die eigene Rolle bei Misserfolgen hinterfragen

Für Gruppen ist es angenehm, bei Fehlern einen Sündenbock zu haben. Doch was verleitet uns dazu, freiwillig diese Rolle zu übernehmen? Falls Sie zu diesem Stressbeschleuniger neigen: Steht dahinter übergroße Bescheidenheit oder das Gegenteil davon? Wollen Sie als moralisch herausragend wahrgenommen werden („Ich bin nicht so einer, der keine Verantwortung übernehmen will!")? Oder hat es etwas mit geringem Selbstwert und Ängsten zu tun, indem Sie davon ausgehen, dass vorsorgliche Übernahme der Verantwortung verhindert, dass diese einem von anderen in die Schuhe geschoben werden kann? Mitunter kommen Aspekte aller genannten Möglichkeiten zusammen. Sich die jeweiligen Dimensionen vor Augen zu führen, ist mitunter bereits ein Schritt hin zur Entschärfung.

Auch hier beginnt die Entschärfung der Stressbeschleunigerbombe am Zünder: Definieren Sie zunächst Situationen und Themen, die zum Stressbeschleuniger passen. Schreiben Sie auf: Was spricht jeweils dafür, was dagegen, dass Sie verantwortlich für das Ergebnis sind? Welchen Anteil hatten Sie darin relativ zum Anteil der anderen im Projekt involvierten Personen? Was waren von außen einwirkende, de facto nicht beeinflussbare Faktoren? Wenn Sie feststellen, dass Ihre Einflussmöglichkeiten eher gering waren, sind Sie schon auf dem Weg der Entschärfung.

Bitten Sie um Hilfe und Unterstützung!

Vielen Menschen fällt es schwer, andere um Hilfe und Unterstützung zu bitten, weil sie andere nicht zusätzlich belasten wollen. Oder es geht um die Angst: Wer andere um etwas bittet, dokumentiert damit, es selbst nicht zu können oder zu wissen. Die anderen könnten denken, dass man zu faul oder zu dumm ist, es allein zu schaffen. Für den Fall, dass der „Bitte-niemals ...-Stressbeschleuniger" für Sie relevant ist: Welcher der beiden genannten Aspekte, andere nicht zu belästigen, ist für Sie der entscheidendere?

 STRATEGIEN FÜR GUTMENSCHEN: Wenn Sie in erster Linie ein „Gutmensch" sind, der andere nicht belasten möchte, fragen Sie diese Mitmenschen in den nächsten Wochen regelmäßig, inwieweit es sie tatsächlich mehr belastet, Sie zu unterstützen, und dokumentieren Sie dies im Tagebuch, siehe S. 105.

Trauen Sie sich! Sie werden sehen, dass es durchaus positive Konsequenzen haben kann, um etwas zu bitten. Und wenn es eher um die soziale Ängstlichkeit geht (siehe S. 110), heißt es erst recht: üben! Also: aushalten, was andere denken könnten. Wenn Sie nachfragen, dann wissen Sie – so oder so –, wo Sie diesbezüglich stehen, und werden handlungsfähig. Wenn Sie es regelmäßig geübt und Ängste zunächst ausgehalten und dadurch überwunden haben, nimmt Ihr diesbezüglicher Stress ab. Garantiert!

Unsicherheit und Risiko neu bewerten

Einerseits lassen sich, auch wenn man sich an alle Regeln hält, Risiken nie ganz vermeiden. Andererseits will man sicher planen und agieren. Ein angemessenes Risikomanagement ist für das Individuum, aber auch für Firmen, Organisationen, die Politik und letztlich die Gesellschaft ein zentrales Anliegen. Zudem ist Risikobereitschaft eine quasi in den Erbanlagen angelegte Qualität, die bei manchen mehr, bei manchen weniger ausgeprägt ist. Man kann aus einer Taube keinen Adler machen. Um welche Unsicherheiten und Risiken geht es für Sie bei diesem Stressbeschleuniger?

Folgende Fragen stehen an: Wie haben Sie bislang disponiert, wie viel Unsicherheit ist für Sie (in den betreffenden Bereichen) tolerierbar? Wie viel Risikobereitschaft wäre nötig, um die Aufgabe angemessen angehen zu können? Was bräuchten Sie an Unterstützung, um damit umgehen zu können? Oder wäre eine andere Tätigkeit für Sie günstiger? In den Antworten liegt Ihre Chance zur Entschärfung, im Spektrum von „love it, leave it or change it". Konkret: Sind Sie die Person, die langfristig mit dem, was Ihre aktuelle Stelle an Verantwortung beinhaltet, angemessen umgehen kann und will? Wenn Sie diese Frage mit „Ja" beantworten, dann wird es darum gehen – wobei wiederum ein Therapeut oder Coach hilfreich sein kann –, die Katastrophengedanken, die Ihr Gehirn bezüglich möglicher Risiken und Fehler produziert, genauer anzusehen, sich mit deren emotionaler Ladung zu konfrontieren und Strategien zu erarbeiten, wie Sie im Fall des Falles handlungsfähig bleiben können.

Die eigenen Erwartungen hinterfragen

Stellen Sie sich folgende Situation vor: Sie haben sich engagiert um die Probleme einer Freundin gekümmert. Das war für Sie mit hohem Aufwand verbunden, es hat Sie viel Zeit und Herzblut gekostet, ihr gute Ratschläge zu geben. Doch das Ergebnis ist: Sie macht es letztlich ganz anders, als Sie es ihr vorgeschlagen haben.

WAS KÖNNEN SIE TUN? Schreiben Sie auf: In welchen Situationen macht Ihnen dieser Stressbeschleuniger zu schaffen? Bei welchen Personen und worin unterscheiden die sich von den Personen, bei denen diese Dynamik nicht auftritt? Was liegt dem an Lebenserfahrungen Ihrerseits zugrunde und mit welchen Gedanken und Gefühlen geht es einher?

In unserem Beispiel könnte Ihr Gefühl Ihnen sagen: „Dir hilft niemand! Und wenn du deine Zeit opferst, um anderen zu helfen, dann ist es denen letztlich egal ..." Dies würde offenkundig auf eine erhebliche Selbstwertthematik verweisen. Es kann aber auch um Kränkungen gehen und/oder Ihr Problem, die Autonomie anderer anzuerkennen. Halten Sie das vorläufige Ergebnis Ihrer schriftlichen Reflexion fest, überprüfen es in der nächsten ähnlichen Situation und machen selbstwertstabilisierende Übungen (siehe S. 123). Sie dürften dann auf dem richtigen, den betreffenden Stressbeschleuniger entschärfenden Weg sein.

Energiequelle: Die eigenen Werte und Ziele

Mit einer Definition Ihres eigenen Wertekanons können Sie Ihre Perspektiven klären und damit Stress reduzieren.

Psychologen haben sich in den vergangenen Jahrzehnten intensiver mit Werten und Zielen von Menschen beschäftigt und entdeckt, dass darin ein Schlüssel zu vielen positiven Aspekten wie Glück und Resilienz steckt. Damit liegt hier automatisch auch ein Teil des Geheimnisses der Stressbewältigung. Der Unterschied zwischen Werten und Zielen ist: Ziele können potenziell erreicht werden (ein höheres Einkommen, eine Hochzeit, ein größeres Auto). Wenn ein Ziel erreicht ist, gilt es ein neues, vielleicht darauf aufbauendes Ziel zu suchen. Werte hingegen bezeichnen übergreifende, idealerweise das Leben prägende Aspekte. Das kann sein, die Welt ein wenig besser zu machen oder nur ein wichtiger Teil meiner Familie zu sein.

Wissenschaftliche Psychologie gibt es seit dem ausgehenden 19. Jahrhundert. Warum sind die Psychologen nicht schon früher darauf gekommen, sich mit dem Thema Werte zu beschäftigen? Auch Wissenschaftler leben jeweils in ihrer Zeit und stellen die Fragen, die „in der Luft" liegen. Dass Werte wichtig sind, wusste man letztlich schon immer. Schließlich geht es um das, was Menschen suchen, solange es Menschen gibt: um den „Sinn des Lebens". In früheren Zeiten waren Werte mehr oder weniger alternativlos vorgegeben. Im Mittelalter war für jeden Menschen von Geburt an klar, dass er ein gottgefälliges Leben zu führen hatte, so wie es in seinem Stand üblich war. Später lebte man für „Gott, Kaiser und Vaterland" und parallel dazu für das Wohl seiner Familie. Nachdem soziale Absicherungen mehr und mehr vom Sozialstaat übernommen wurden, konnte sich das Individuum von der Gesellschaft emanzipieren und immer ausschließlicher für den eigenen Erfolg, das eigene Glück und für diesbezügliche Statussymbole leben. Kollektiv verbindliche Werte wurden deshalb in den vergangenen Jahrzehnten immer fraglicher und diffuser. In dieser historisch neuen Situation sind persönliche Werte keine Selbstverständlichkeiten mehr. Mitunter hat es den Anschein, man könne sie sich nach Belieben aussuchen. Eben dadurch wurden sie für die Psychologie zum Thema. Welche Werte reduzieren, welche verschärfen Stresserleben?

Orientierung mit dem Wertenetz

Als Nebenwirkung der weitergehenden Individualisierung sind Werte und Ziele heute gewissermaßen der Anker, mit dem sich das Individuum in Gesellschaft und Welt verortet. Werte geben Orientierung über den Alltag hinaus und verleihen damit dem individuellen Leben Sinn. Dafür, dass sinnstiftende Werte Menschen auch in den schwierigsten Situationen Halt geben können, gibt es viele Beispiele.

Viktor Frankl (1905–1997), der als Jude im Konzentrationslager interniert war, überlebte dies wohl nur deshalb, weil er sich intensiv mit der Frage beschäftigte, was seinem Leben – auch unter diesen extremen Bedingungen – Sinn geben könnte. Er setzte der

MEIN WERTENETZ

Entdecken Sie den Unterschied zwischen Ihren gewünschten und Ihren gelebten Werten.

SOZIALE WERTE

- Umweltschutz
- „Freiheit im Denken"/ Kreativität
- Unabhängigkeit/ Selbstbestimmung
- Gerechtigkeit und Chancengleichheit
- Anregung/Abwechslung
- Toleranz
- Genuss
- Zuverlässigkeit
- Leistung und Erfolg
- Fürsorglichkeit
- Macht und Einfluss
- Bescheidenheit
- Wohlstand
- Regeltreue
- Soziales Ansehen
- Anpassungsbereitschaft
- Sicherheit/Gesundheit
- Tradition

INDIVIDUELLE WERTE

Quelle: In Anlehnung an Bohus, Lyssenko, Wenner, Berger: Lebe Balance: Das Programm für innere Stärke und Achtsamkeit, 2016

„tragischen Trias" (unabänderliches Leid, unvermeidliche Schuld, sicherer Tod) einen „tragischen Optimismus" entgegen. Sein starker „Willen zum Sinn" half Viktor Frankl zu überleben.

In einer Welt, der der „liebe Gott" immer mehr abhanden kommt, ist Wertorientierung so wichtig wie das tägliche Brot. Zumindest dann, wenn Leben mehr sein soll als ein Überleben oder ein in möglichst großer Bequemlichkeit Vor-sich-hin-Leben. In unserem Kulturkreis sind wir dazu gezwungen, unsere Werte selbstverantwortlich zu definieren. Verbindliche oder gar verpflichtende Vorgaben (solange diese Werte mit den Gesetzen vereinbar sind) gibt es nicht mehr.

Sich Klarheit über die eigenen Werte verschaffen

Viele der eigenen Werte werden einem spontan bewusst sein. Wertenetze sind ein systematischer Ansatz, seine Werte zu definieren. Hier sind die von Forschern aktuell als relevant erachteten Wertkategorien kreisförmig angeordnet. Je weiter außen man bei der jeweiligen Wertkategorie seine Markierung macht, umso wichtiger ist einem dieser Wert. Je weiter innen man ihn verortet, umso unwichtiger.

Bei einem ersten Durchgang kann man im Wertenetz die Werte markieren, die einem grundsätzlich wichtig sind. In einem zweiten Durchgang wird dann markiert, inwieweit man die jeweiligen Werte im realen Leben in den vergangenen sieben Tagen umgesetzt hat.

 ANLEITUNG ZUM WERTENETZ: Bitte füllen Sie nun Ihr Wertenetz aus, zunächst grundsätzlich, dann wie Sie Ihre Werte aktuell leben. Das Resultat zeigt prägnant, wie Ihr Wertesystem aussieht und wo Theorie und gelebte Wirklichkeit derzeit noch auseinandergehen. Die Unterschiede zwischen den eigenen Werten und deren Umsetzung werfen unmittelbar die Frage auf: Was können Sie tun, um Ihr Leben diesbezüglich stimmiger zu gestalten?

Wie sieht die Verteilung Ihrer Werte aus?

Dem Wertenetz liegen noch weitere Überlegungen zugrunde. Auf der rechten Seite finden Sie eher auf Ihre Person bezogene, auf der linken Seite eher soziale, auf die Umwelt bezogene Werte. Die grundsätzliche Idee dahinter ist, dass individuelle und auf das soziale Miteinander bezogene Werte in einem – möglichst gesunden – Ausgleich stehen sollten. Schon deshalb, weil echte Einsamkeit ein maximaler Stressor ist. Ausgehend davon, dass letztlich eine stabile Vernetzung in der Welt die beste Voraussetzung für ein stressarmes, erfülltes Leben bietet, liegt es nahe, ein möglichst symmetrisches Wertegesamtbild anzustreben. Wer ein allzu asymmetrisches Wertemuster hat, für den dürfte es hilfreich sein, einige der bislang niedrig bewerten Wertaspekte zu stärken, um das eigene Wertenetz und damit das Leben in Balance zu bringen. Dass dies mitunter leichter gesagt als umgesetzt ist (auch hier geht es um die Veränderung etablierter Muster), wird niemanden überraschen. Werte zu haben ist einerseits wunderbar, denn sie geben einem Leben Inhalt, Ziele und Sinn. Andererseits haben Werte, soweit sie gelebt und nicht nur angekreuzt werden, verpflichtende Qualität, sonst wären es keine Werte. Verpflichtungen wiederum können Stress machen, etwa wenn sie einen in schwierigen Konstellationen „nötigen", nicht den Weg des geringsten Widerstandes gehen. Gleichzeitig Werte und keinen Stress haben zu wollen, ist illusorisch! Werte sind vielmehr Antworten auf die Frage, warum man sich mit belastenden Situationen „herumschlagen" sollte. Werte werden so zu einem „Booster", der dem Leben und der Bewältigung von Stressoren Energie verleiht. Stressig wird es nicht zuletzt dann, wenn mein Verhalten nicht mit meinen Werten übereinstimmt.

Werte sind kein Zufall

Die Vorstellung, wonach sich in unserer individualistischen Gesellschaft jeder ganz frei die Werte heraussuchen kann, die er für sich als angemessen erachtet, ist zumindest idealistisch. Die Gesellschaft prägt sowohl unsere Persönlichkeit als auch unsere Werte. Niemand entkommt solchen Lernerfahrungen. In unserer individualistischen

Gesellschaft hat man alle Freiheiten, auch die, sich beispielsweise gegen die von den Eltern vorgelebten Werte zu entscheiden. Auf der einen Seite ist das ein immenser, individuelle Freiheit gebender Vorteil. Wenn diese Freiheiten aber nicht selbstverantwortlich genutzt werden, wird es bodenlos. Jedes Wertenetz ist ein Spiegelbild der jeweiligen, in unserem Fall der westlichen Gesellschaft. In Japan, also in einer eher durch kollektivistische Werte, speziell den Bezug auf Eltern und Familie, geprägten Gesellschaft, wurde ein anderes Wertenetz, das Ikigai-Modell – wobei Ikigai so viel wie „Lebenssinn" bedeutet – entwickelt, das wie folgt aussieht: Abweichend von unserem westlichen Wertemodell, das letztlich ganz auf die Bedürfnisse des Individuums ausgerichtet ist, integriert das Ikigai-Modell gleichwertig das, was „die Welt braucht" und wofür man bezahlt wird. Es gilt also, die eigenen Wünsche („Du liebst es") und die eigenen Fähigkeiten („Du bist großartig darin") mit dem, was in der Gesellschaft benötigt wird („Die Welt braucht es") im Sinne eines konstruktiven Kompromisses abzugleichen. Studien zeigen, dass Ikigai-lebende Menschen in Japan eine höhere Lebensqualität haben und länger leben als solche, die dies nicht tun.

> **WIE IKIGAI FUNKTIONIERT:** Eine junge japanische Frau verzichtet bewusst darauf, einen „kreativen Beruf, der Spaß macht" zu ergreifen, weil sie realisiert, dass sie darin nur mittelmäßig begabt ist. Sie wird Sachbearbeiterin, auch weil die Eltern einen sicheren Job von ihr erwarten. Gleichzeitig macht sie aus ihrer kreativen Leidenschaft ein intensiv betriebenes Hobby. Sie besucht eine Schreibwerkstatt und leitet später eine solche.

Der Dreh bei Ikigai ist also: Individuelle Fähigkeiten sollen nicht „geopfert", sondern an adäquater Stelle gelebt werden, auch deshalb, weil sie den Wert einer Gesellschaft insgesamt ausmachen. Das Ikigai-Beispiel macht deutlich, dass absolute Freiheit, was die Definition der eigenen Werte anbelangt, gerade für junge Menschen, die nach dem Motto „Du kannst im Leben machen was Du willst! Hauptsache, Du hast Spaß und wirst glücklich!" sozialisiert wurden (siehe S. 12), schwirig bis fatal sein kann. Werte können einem Individuum nur Fundament und Perspektive geben, wenn sie verbindlich und hinreichend konkret sind. Im Hier und Jetzt schränken Werte die individuellen Möglichkeiten ein. Man kann dann eben nicht mehr alles machen, was Spaß machen könnte. Wäre es deshalb

IM EINKLANG: DAS IKIGAI-MODELL

Im Ikigai-Modell werden die Bedürfnisse des Einzelnen mit denen der Gesellschaft abgeglichen.

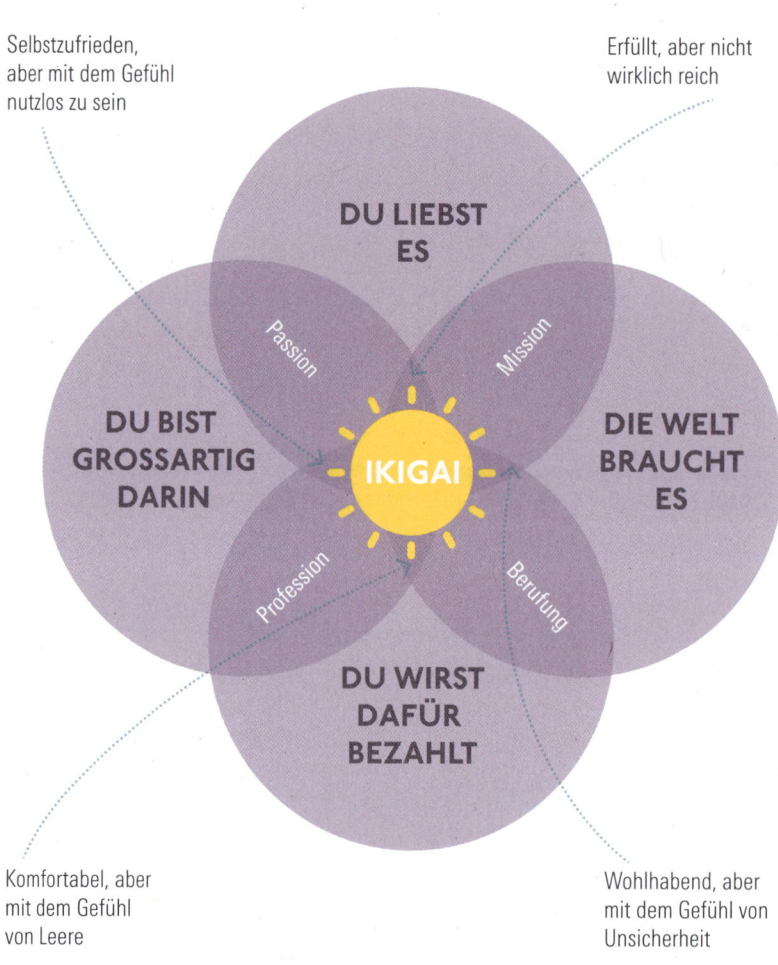

Quelle: In Anlehnung an Mogi: Ikigai: Die japanische Lebenskunst, 2020

nicht besser, seine Werte nicht allzu eng zu definieren, nämlich so, dass sie maximale Freiheiten ermöglichen? Selbstverständlich! Aber dann sind es keine Werte mehr, sondern nur noch unverbindliche Überschriften. Längerfristige Stressreduktionen sind davon nicht zu erwarten. Im Gegenteil.

Lebenswerte klären

Wie kann man seine Werte klären, also sich vergewissern, was für einen tatsächlich die entscheidenden Werte sein sollen? Patentlösungen hierfür gibt es nicht. Aber Strategien, die hilfreich sein können. Eine prägnante Möglichkeit ist die „Rede zu Ihrem 80. Geburtstag": Schreiben Sie diese Rede! Nehmen Sie sich dafür mindestens eine Stunde Zeit. Versuchen Sie, sich in die Situation, in der die Rede gehalten wird, hineinzuversetzen: Wie geht es Ihnen gesundheitlich, vor wem halten Sie die Rede (Familie, Freunde)? Sicher neigt man in solchen Reden zu Übertreibungen und dazu, etwas zu glätten, was im realen Leben nicht so glatt war. Aber genau das entspricht unserem Umgang mit Werten! Man kann sie nicht erreichen, aber versuchen, ihnen immer wieder auf die Spur zu kommen und wertorientiert zu handeln. Während Sie an Ihrer Rede schreiben und wenn Sie sie dann – laut – vorlesen, werden Ihnen Ihre Werte mit allen Konsequenzen, der Freude, darüber Orientierung zu haben, aber auch dem unguten Gefühl, dass diesbezügliche Fragen in Ihrem Leben noch unbeantwortet sind, greifbar sein.

Offene Fragen können Sie dann konkreter angehen, was – für Sie nun nicht mehr überraschend – zunächst einmal mehr Stress machen kann, sich langfristig aber auszahlen wird. Wie tragfähig und krisensicher ist ein individualistisch ausgerichtetes Wertenetz? Diesbezüglich scheint das die Bedürfnisse und Erwartungen der Gesellschaft einbeziehende Ikigai-Modell durchaus Vorteile zu haben. Alles ist im Fluss. Auch die Gesellschaften immanenten Wertemuster. Die Frage nach dem richtigen Verhältnis zwischen Individuum und Gesellschaft beschäftigt die Menschheit letztlich schon immer. Eine richtige Antwort darauf wird es absehbar nie geben. Entsprechend kann es immer nur darum gehen, einen den jeweiligen Umständen entsprechenden fairen Ausgleich, zumal was das Geben und das Nehmen anbelangt, zu finden.

STRATEGIEN FÜR STRESS-SITUATIONEN

Wir erleben Stress in ganz unterschiedlichen Situationen. Entsprechend groß sollte das Spektrum unserer Möglichkeiten im Umgang mit ihnen sein.

Selbstwertgefühl: Das stabile Fundament

Vielen Menschen fällt es schwer, die eigenen Leistungen anzuerkennen. Für den Umgang mit Stress ist gerade das jedoch essenziell.

Man wird kritisiert, wird in Konflikte hineingezogen, man muss mehr arbeiten, weil jemand anderes etwas Dummes gemacht hat ... Egal um welchen Alltagsstress es geht, fast immer hat dies irgendwie mit unserem Selbstwert zu tun. Daher an dieser Stelle eine möglicherweise unangenehme, für unser Thema aber essenzielle Frage: „Mögen Sie sich selbst?"

Wenn Sie diese schlichte, gleichwohl abgründige Frage mit Ja oder zumindest „überwiegend ja" beantworten, haben Sie gute Karten, souverän und relativ stressarm durchs Leben zu kommen. Bei einem Nein oder „überwiegend nein" ist Stress vorprogrammiert. Schon deshalb, weil für Menschen, deren Selbstwert brüchig ist, jede noch so harmlose Kommunikation zum Problem werden kann. Wie lässt sich dem abhelfen?

Mit Blick auf die psychologische Literatur ist Selbstwertstärkung zumindest theoretisch kein Problem. Das Dreieck aus „Fühlen, Denken, Handeln" ist quasi ein psychologisches Grundgesetz (siehe S. 62). Demnach können wir unser Fühlen, wozu in hohem Maße eben auch unser Selbstwert mit seiner immanenten emotionalen Qualität gehört, nicht direkt, sondern nur indirekt beeinflussen. Zu wissen, dass man etwas gut kann, heißt leider noch lange nicht, dass man deswegen ein tragfähiges Selbstwertgefühl hat. Wir können nur über entsprechendes Handeln Einfluss auf unsere Gefühle nehmen, wobei auch entsprechend ausgerichtetes Denken eine Handlung ist. Wir sollten also trainieren, so zu handeln und zu denken, dass mittel- und langfristig das Gefühl „Ich mag mich, mein Selbstwert ist entsprechend gut und stabil" herauskommt. Dazu gibt es gute Übungen zum Training des Selbstwertgefühls.

1 **SELBSTWERTFÖRDERLICHES VERHALTEN:** Wenn Sie etwas, was Sie sich vorgenommen haben und was einige Mühe gekostet hat, erreichen, kehren Sie dies nicht als „selbstverständlich" unter den Teppich, sondern belohnen Sie sich. Ein Beispiel: Sie haben die Wohnung geputzt, die Hausaufgaben mit den Kindern erledigt, die pflegebedürftige Oma versorgt, den Konflikt mit einer Kollegin nicht vermieden, ein Projekt in der Firma abgeschlossen. Nun gönnen sich dafür etwas Konkretes, was Sie gern mögen, aber primär symbolisch gemeint ist. Ein Eis wäre eine greifbare und schmackhafte Variante. Das bewusste Lesen von ein paar Seiten eines guten Buches bietet sich als kalorienärmere Möglichkeit an. Hauptsache, die Form der Belohnung passt für Sie!

2 **SELBSTWERTFÖRDERLICHE KOGNITIONEN:** Erkennen Sie Ihre Leistungen bewusst als solche an, etwa indem Sie sich sagen: „Ja, das habe ich wirklich gut gemacht!" oder „Früher hätte ich das nicht so gut hinbekommen, da habe ich seitdem eine Menge dazugelernt!" Sie meinen, das klingt einfach? Wenn Sie mit dem Selbstwertthema Probleme haben, werden Ihnen diese Gedanken, zumal wenn Sie sie laut aussprechen, zumindest merkwürdig vorkommen, zumeist aber geradezu unangenehm sein. An genau dieser Stelle steht dann die in aller Regel durch Ihre Sozialisation errichtete Mauer, die es zu überwinden gilt, zunächst einmal mit Argumenten („Lob, wem Lob gebührt!"). Das dazu passende Gefühl wird sich dann mit einiger bis erheblicher Verspätung einstellen (siehe S. 62).

3 **SELBSTWERTFÖRDERLICHE EMOTIONEN:** Gemeint ist das Ergebnis der selbstwertfördernden Handlungen und Gedanken, also die Fähigkeit, tatsächlich auch emotional stolz auf Ihre Leistungen zu sein. Und wenn sich das Gefühl (noch) nicht einstellen will, dann formulieren Sie – wie beim Punkt „Selbstwertförderliche Kognitionen" dargelegt – die diesbezüglichen Gedanken.

4 **SELBSTWERTFÖRDERLICHE KOMMUNIKATION:** Im Sinne von „Tue Gutes und rede darüber!". Was Sie leisten, auch wenn es (zumindest nach Ihren Maßstäben) nichts Spektakuläres ist, gilt es mit anderen zu teilen, indem sie darüber berichten. Wie sollen andere sonst wertschätzend über Ihre Leistung reden können? Für den Fall, dass Sie „so ein Gerede" als unanständig empfinden sollten, haben Sie zum einen ein in Ihrer Erziehung wichtiges Muster und gleichzeitig einen Aspekt eines für Sie relevanten, Ihren Selbstwert untergrabenden Stressbeschleunigers identifiziert. In diesem Fall: Unbedingt eben diesen entschärfen (siehe S. 84)!

5 **SELBSTWERTFÖRDERLICHE BEWERTUNG VON ERFOLG-REICHEN HANDLUNGEN:** Wenn etwas gut gelaufen ist, hat man eben Glück gehabt! Also reiner Zufall? Ein gesundes Selbstwertgefühl geht mit dem einher, was die Psychologen „Selbstwirksamkeit" nennen (siehe S. 61), also dem Bewusstsein dessen, was man zu leisten beziehungsweise zu bewältigen in der Lage ist. Fragen Sie sich: Was haben Sie konkret dazu beigetragen, dass ein Projekt zu einem Erfolg wurde?

6 **SELBSTWERTFÖRDERLICHE UNABHÄNGIGKEIT:** Wenn Ihnen die vorgenannten Punkte durch ständiges Üben in Fleisch und Blut übergegangen sind, sind Sie erheblich weniger davon abhängig, wie Sie von anderen wahrgenommen und bewertet werden. Sie haben ein Stück weit Unabhängigkeit erreicht. Das wiederum ist eine angemessene Grundlage, um mit Lob von außen angemessen umgehen und es annehmen zu können, es also nicht als Schmeichelei oder Manipulation abzutun.

Wenn das Thema Selbstwert für Sie wichtig sein sollte, bietet es sich an, für zwei Wochen ein „Selbstwerttagebuch" zu führen. In dies schreiben Sie täglich mindestens drei Dinge, die Sie am betreffenden Tag erledigt oder bewältigt haben, und dokumentieren zudem, wie Sie dies in Handlungen und Gedanken anerkannt und gewertschätzt haben. Ob das dann mit einem gesteigerten Selbstwertgefühl einherging, ist zunächst einmal nicht wichtig. Gefühle lassen sich nicht erzwingen, man kann nur die Voraussetzungen für sie schaffen und ihnen Raum geben. Ganz wichtig: Es geht nicht um spektakuläre, über das Normale hinausgehende Leistungen, sondern darum, den Blick auf die täglichen „normalen" Abläufe zu richten.

Hintergründe, Dynamik, Fallen ...

Sie haben etwas richtig gut gemacht, es bleibt aber ein merkwürdiges Gefühl, denn „auf solche Kleinigkeiten kann man sich doch nichts einbilden?". Sie hätten gern ein gutes Selbstwertgefühl, aber bitte eines, das nur auf Fakten, auf wirklichen Leistungen und nicht auf Einbildungen beruht? Selbstwert ist nie eine objektive Wahrnehmung und Einschätzung meiner eigenen Person, sondern das Ergebnis zahlloser kleiner und größerer Interaktionen, die wir seit unserer frühesten Kindheit genossen haben (oder eben auch nicht), wobei uns diese oft höchstens bruchstückhaft in Erinnerung blieben. Sich als Mensch gut, liebenswert und wichtig zu fühlen, war zunächst einmal nicht unsere spontane Selbsteinschätzung, sondern das, was liebende Eltern und Angehörige in uns hineinprojiziert haben.

Wenn man wertschätzend behandelt und angesprochen wird, entwickelt man einen emotional tragfähigen Selbstwert. Wer das nicht oder nur mit Einschränkungen erfahren hat, dessen Selbstwert ist brüchig und bedarf vieler glücklicher Umstände und Reflexionen, damit er sich im Laufe der Zeit stabilisiert. Wie ein guter Selbstwert aussieht, spiegelt zudem die jeweils in einer Gesellschaft beziehungsweise einer sozialen Gruppe üblichen Normen. Wenn heute viele der über 40 Jahre alten Menschen in unserem Land Schwierigkeiten haben, sich selbst zu loben und stolz auf eigene Leistungen zu sein, dann ist das eine Folge von Erziehungsmustern wie eben „Eigenlob stinkt!" oder „Dummheit und Stolz wachsen auf einem Holz".

Für den Fall, dass solche Muster für Sie prägend waren, hatte das zunächst einmal erhebliche Vorteile: Sie wurden so sozialisiert, dass Ihnen die Anpassung an bestehende Systeme, vom Kindergarten bis zum Beruf, eher leichtgefallen sein dürfte. Ein weniger starkes Selbstwertgefühl warnt vor Überschätzung, womit es zunächst einmal auch vor Stress schützt. Man traut sich wenig zu, was die Gefahr, sich zu überschätzen und zu überfordern, minimiert. In anderen sozialen Kontexten kann das gleiche Muster allerdings auch zu einer Stressbeschleuniger-Komponente werden, etwa „Mache keine Fehler, sonst bist Du ein Versager" (siehe S. 95). Somit geht ein ursprünglich vor Stress schützendes, soziale Anpassung erleichterndes Muster auf Kosten der Fähigkeit, sich in anderen Konstellationen angemessen selbstwertschätzen zu können.

 EINS BAUT AUF DAS ANDERE AUF: Unser Selbstwertgefühl ist das Ergebnis der von uns in frühen Jahren erfahrenen Zuwendung und der dabei maßgeblichen sozialen Muster. In unserem weiteren Leben hat es sich oftmals als hilfreich erwiesen und wurde damit zu einem Arbeitsmodus unseres Gehirns.

Probleme gibt es immer, wenn Menschen, die dazu erzogen wurden, „brav und bescheiden" zu sein, eine Rolle ausfüllen sollen, in der Selbstbewusstsein und Autorität gefragt sind. Oder auch umgekehrt, wenn sich Menschen mit sehr hohem Selbstwertgefühl anpassen sollen.

Wenn Sie also daran arbeiten, Ihren Selbstwert wachsen zu lassen, ist die Akzeptanz des Selbstwertgefühls, so wie es aktuell ist, der grundlegende Schritt. Auch ein eher schwacher Selbstwert ist ein Muster und eine Leistung Ihres Gehirns, das sich über lange Zeit als angemessen und hilfreich erwiesen hat. „Ich müsste ein stärkeres Selbstwertgefühl haben, dann wäre alles gut ..." dagegen ist paradox. Worauf sollte ein besseres Selbstwertgefühl beruhen, wenn man sich fundamental selbst kritisiert? Niemand kann sein Gehirn wie einen Computer neu formatieren und neu aufsetzen. Uns bleibt nur, auf unserem bisherigen Leben als Fundament aufzubauen. Ausgangspunkt gesunder Veränderungen ist stets die Akzeptanz von (noch so unvollkommenen) Ist-Zuständen, nicht eine antizipierte Dimension, bei der der Selbstwert irgendwann später beginnen soll, wenn man etwas Unbestimmtes in der Zukunft erreicht hat.

Stress mit Arbeit, Chef und Co

Entsprechend den Ergebnissen vieler Umfragen: Wenn heute etwas „stresst", dann ist es in erster Linie der Job!

Das berufliche Umfeld beinhaltet spezielle Stresssituationen. Eine zentrale Frage der Arbeitspsychologie, die sich schwerpunktmäßig mit Stress im Job befasst, lautet: Inwieweit hängt das individuelle Stresserleben mit dem Umfang und der Komplexität der Arbeit zusammen? Dabei wird davon ausgegangen: Wenn die Arbeit zu komplex oder der Mitarbeiter zu wenig qualifiziert (oder motiviert) ist, resultiert für ihn erhöhter Stress.

☞ **DAS „JOB-ENVIROMENT-FIT"-MODELL** stellt die Anforderungen eines Arbeitsplatzes und das individuelle Leistungsvermögen einer dort tätigen Person einander gegenüber. Dabei gilt es, sowohl das Anforderungsprofil als auch das individuelle Leistungsprofil möglichst genau zu erfassen. Idealerweise sollte das eine zum anderen passen wie ein Schlüssel ins Schloss.

Wenn ein Unternehmen Mitarbeiter für eine bestimmte Tätigkeit sucht, sollte zunächst, im Sinne des „Job-Enviroment-Fit"-Modells, eine möglichst umfassende Tätigkeitsbeschreibung erstellt werden, die deutlich über die rein fachlichen Qualifikationen hinausgeht. So ist heute in immer mehr Berufen Kommunikationsfähigkeit und Belastbarkeit wichtig. Dazu gehört auch die Frage, ob ein Kandidat in Stresssituationen den Überblick behält, also eine hohe Stressresistenz aufweist („Was würden Sie tun, wenn der IT-Spezialist nicht erreichbar ist und das System ausfällt?"). Ab wann beginnt jemand derart emotional zu handeln, dass es im praktischen Ablauf schwierig werden könnte? Die Stressresistenz wird zumeist in „Assessment-Centern" anhand von Tests, in Rollenspielen und konkrete Stresssituationen simulierenden Settings unter verschärften Bedingungen geprüft. Den Kopf auch bei stärkerem Wellengang über Wasser halten und Stresswellen surfen zu können, ist in solchen Situationen unerlässlich.

Stressoren im Job sind nicht gleich Stress im Job

Unter welchen Bedingungen können Menschen schwierige und komplexe Aufgaben optimal bewältigen? Der amerikanische Soziologe Robert Karasek und der schwedische Internist Töres Theorell haben sich intensiv mit dieser Frage beschäftigt. Ihr Ergebnis war im Hinblick auf Strukturen und Grundsätze der Arbeitsorganisation bahnbrechend. Die Innovation von Henry Ford, die Einführung des Fließbandes, lief darauf hinaus, Arbeitsabläufe zu zerlegen, um mit minimal qualifizierten, in klaren Hierarchien eingebundenen Mitarbeitern möglichst ökonomisch produzieren zu können. Kreativität und Individualität der einzelnen Mitarbeiter brauchte man hier nicht.

Seitdem wurden die Arbeitsaufgaben auf fast allen Ebenen immer komplexer. Einfache Handlangertätigkeiten lassen sich inzwischen erheblich günstiger von Robotern ausführen. Die werden nicht längerfristig krank und haben weder Urlaubs- noch Pensionsansprüche. Robert Karaseks und Töres Theorells Ansatz war es nun, das Anforderungsprofil einer Aufgabe zum Maß der Gestaltungsfreiheit der Mitarbeiter in Beziehung zu setzen.

 ARBEITSANFORDERUNGEN VS. GESTALTUNGSMÖGLICHKEITEN? Je komplexer eine Aufgabe im Job ist („Job Demands") und je weniger Handlungsspielräume („Job Decision Latitude") ein Mitarbeiter hat, umso stressiger wird es für ihn. Die für eine nicht lösbare Aufgabe mobilisierte Energie verwandelt sich in Stress („mental strain"). Mit angemessen großen Gestaltungsmöglichkeiten können selbst schwierige Aufgaben bei hoher Arbeitszufriedenheit und relativ niedrigem Stresslevel bewältigt werden.

Die Größe des Stressors „Arbeitslast" ist demzufolge relativ. Enge Vorgaben, fehlende Handlungsspielräume und auch fehlende Unterstützung lösen oftmals den eigentlichen Stress aus. Entscheidend ist das Verhältnis zwischen Arbeitslast, den Fähigkeiten (und der Motivation) der Mitarbeiter, ihren Handlungsspielräumen und möglicher Unterstützung.

Stress verbieten? Besser nicht!

Stress gefährdet nachgewiesenermaßen Ihre Gesundheit! Stellen wir uns vor, unser Gesundheitsminister würde im Rahmen einer konsequenten „Stress, nein danke!"-Strategie stressige Arbeitsbedingungen verbieten oder, noch eleganter: Es gäbe einen Antistress-Impfstoff. Dann hätten wir plötzlich nur noch entspannte, glückliche, in sich ruhende und gesunde Menschen! Wirklich? Vermutlich noch nicht einmal das. Zudem: Unserer aller Leistungsfähigkeit würde umgehend minimiert. Seit langem wissen wir, dass unsere Leistungsfähigkeit in allen Aspekten von unserem Grund-Stresslevel abhängt. Bei zu geringem Stresslevel ist auch unsere Leistungsfähigkeit gering. Bei mittlerer Anspannung ist sie optimal, um bei darüber hinaus ansteigendem Stresslevel wieder deutlich abzusinken. Vermutlich könnten wir ohne den Stress im Job auch von den derzeitigen Sozialleistungen soweit gut leben. Allerdings nur sehr theoretisch. Faktisch erleben sich von Sozialleistungen lebende Menschen eher mehr unter Druck als die arbeitende Bevölkerung, Gesundheit, Lebensqualität und Lebenserwartung sind deutlich reduziert. Zudem: Das regelmäßige Training mit Stressoren hält fit. Ohne dieses Training, wenn schnelle Reaktionen und kurzfristige Leistungssteigerungen nötig sind, würde es geradezu lebensgefährlich. Das kann niemand wollen. Stress ist per se weder gut noch schlecht, sondern zunächst einmal eine Frage der Dosierung.

Motivation ist nicht alles, aber ohne Motivation ist alles nichts!

In den letzten Jahren hat sich der Arbeitsmarkt stark verändert. Arbeitnehmer können sich zunehmend den Arbeitgeber aussuchen und schauen sehr genau auf die Rahmenbedingungen ihres zukünftigen Jobs. Um motivierte Mitarbeiter zu gewinnen, ist es für Arbeitgeber heute wichtig, attraktive Arbeitsplätze anzubieten. Dass Qualität und Quantität der geleisteten Arbeit in hohem Maße mit der Arbeitsmotivation zusammenhängen, war allerdings schon lange vorher bekannt. Idealerweise sollten Mitarbeiter für ihren Job „brennen" und ihn als „great place to work" erleben. Letzteres ist sogar der Name einer Firma, deren Angebot darin besteht, die Arbeitszufriedenheit systematisch zu erfassen und als Ergebnis ein Ranking von Arbeitgebern einer Branche zu erstellen. Entspannungstrainings und Stressmanagementkurse, kostenlose Massagen und andere Extras gehören heute vielfach im Rahmen des betrieblichen Gesundheitsmanagements zum Standard. Für die Attraktivität eines Arbeitsplatzes entscheidender sind allerdings andere Aspekte: die Aufgaben an sich, die Gestaltung des Arbeitsumfeldes, die Qualität der Führung und die Arbeitsabläufe. Bei komplexen Aufgaben ist der autoritär-diktatorische Führungsstil längst aus der Mode gekommen. Laissez-faire-Führung ist aber schon deshalb, weil es keine Führung, sondern ein „dann macht mal irgendwie" ist, keine Alternative. Der kollegial-unterstützende Führungsstil gilt heute als Ideal, wobei sich die Führungskraft auch für die persönlichen Belange seiner

DIE STRESSPHASEN

Wie gehen Menschen mit
zusätzlichen Stresssituationen um?
Vier Stufen können unterschieden werden.

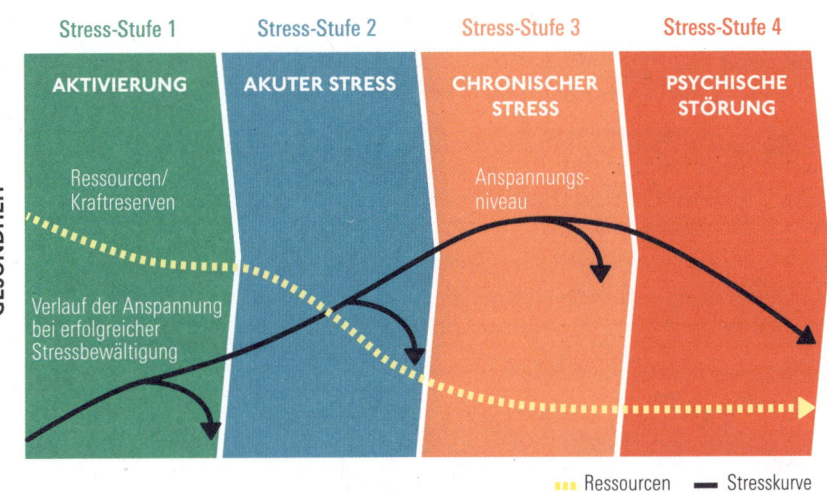

Aktivierungsphase: Die betreffende Person ist entspannt, fit und hat viele Ressourcen. Akute Probleme werden als Herausforderung erlebt und gut bewältigt.

Akuter Stress: Die Person ist bereits durch verschiedene Stressoren vorbelastet, die Grundanspannung ist erhöht, akute Probleme können aber noch gut bewältigt werden.

Chronischer Stress: Angesichts zahlreicher Belastungen ist die Grundanspannung deutlich erhöht, die Bewältigung zusätzlicher Probleme ist erschwert. Anhaltender Stress geht mit einem erhöhten Risiko zu erkranken einher.

Psychische Störung: Trotz anhaltender Belastungen sinkt die Anspannung. Die betroffene Person hat resigniert und sieht sich nicht mehr in der Lage, anstehende Probleme zu bewältigen.

Mitarbeiter interessieren sollte. Idealerweise sollte am Arbeitsplatz möglichst wenig Stress jenseits der eigentlichen Arbeitsaufgabe entstehen. Schließlich sollen die Mitarbeiter ihre ganze Kraft den Zielen der Firma widmen. Dazu wird heute vielfach, zumal in Start-up-Unternehmen, möglichst auf „Führung" im tradierten Stil verzichtet. Im Sinne „agiler Arbeit" werden nur noch Rahmenbedingungen definiert, in denen Mitarbeiter selbstverantwortlich und engagiert zum Wohle der Firma agieren können. Arbeitgeber größerer Betriebe sind seit 2013 durch eine einschlägige Bestimmung im Rahmen des Arbeitsschutzgesetzes im Rahmen ihrer Fürsorgepflicht dazu verpflichtet, die Stressbelastung der Mitarbeiter mit geeigneten Methoden zu erfassen, um angemessen reagieren zu können, wenn diese potenziell gesundheitsschädliche Ausmaße annimmt.

> **DER ARBEITGEBER IN DER PFLICHT:** Wenn Sie Stress am Arbeitsplatz erleben, der nicht unmittelbar mit den zu erledigenden Aufgaben zu tun hat, sondern in äußeren Umständen liegt, sollten Sie dies unmittelbar kommunizieren. Denn selbstverständlich kann ein Arbeitgeber nur handeln, wenn er von den betreffenden Mitarbeitern informiert wurde.

Lösungsansätze für Stress auf Grund von Jobkonflikten

Möglicherweise weicht Ihre persönliche Arbeitssituation von dem hier skizzierten Ideal ab. Wenn es für Sie um praktische Lösungen von beruflichen Stresskonstellationen geht, sollten sich im Idealfall systemische Lösungen und persönliche Strategien ergänzen.

SYSTEMISCHE ANSÄTZE beziehen sich auf das, was in die Zuständigkeit des Arbeitgebers fällt, von einer adäquaten Organisation der Arbeitsabläufe (einschließlich der Einhaltung der Pausenzeiten), der Verfügbarkeit geeigneten Materials und der Arbeitsräume bis zu dem, was zu den Aufgaben des jeweiligen Vorgesetzten gehört, darunter auch die adäquate Lösung von Konflikten unter Kollegen. Im Rahmen des gesetzlich vorgeschriebenen betrieblichen Gesundheitsmanagements werden darüber hinaus oftmals Entspannungs- und Sportangebote gemacht, um möglichst langfristig die Gesundheit der Mitarbeiter (und deren Motivation, in der betreffenden Firma zu arbeiten) zu fördern.

2 **PERSÖNLICHE STRATEGIEN:** Demgegenüber ist es die Aufgabe der Mitarbeiter, sich selbst über die rein fachlichen Aspekte hinaus soweit professionell „aufzustellen", dass die Arbeit hinsichtlich der Stressbelastung im gesunden Rahmen bleibt. Dazu sollte die Freizeit zur Regeneration genutzt werden. Zudem ist es von Vorteil, angemessene Stressbewältigungsstrategien erlernt und geübt zu haben.

Während also der Arbeitgeber die Arbeitsabläufe stressarm gestalten sollte, ist es Sache jedes Einzelnen, zu üben, mit den der Arbeit immanenten, unvermeidlichen Stressoren so entspannt wie möglich umzugehen (was eine Entschärfung der eigenen Stressverstärker – siehe S. 103 – beinhaltet).

Stressfallen im Job

Was stresst Sie in Ihrem Job besonders? Antworten auf diese Frage fallen den meisten Menschen schnell ein. Je mehr eine Firma unter Druck ist, umso größer wird das Risiko, dass mitarbeiterfreundliche Aspekte in den Hintergrund geraten. In vielen Branchen wird auch heute noch mit „Top-down-Zielen" gearbeitet. Die Geschäftsführung sitzt gewissermaßen am Schreibtisch und überlegt sich, wie viel im nächsten Jahr beziehungsweise Quartal (mehr) erwirtschaftet werden soll. Wie dies praktisch erreicht werden kann, ist Aufgabe der nachgeordneten Ebenen. Bei Erreichung der Ziele werden die Mitarbeiter mit Prämien belohnt, im umgekehrten Fall mit deren Einbehaltung bestraft. In derart geführten Unternehmen haben die meisten Mitarbeiter keinen direkten Einfluss auf die zu erreichenden Ziele. Je ambitionierter diese von oben gesteckt werden, umso mehr müssen die verbliebenen Spielräume ausgenützt werden, was schnell pathologische Dimensionen erreichen kann.

In der heutigen Arbeitswelt sind immer wieder unterbrochene Arbeitsabläufe ein häufiges Stressthema. Im Sekundentakt kommen neue Mails, die man sichten muss, sodass konzentriertes Arbeiten erheblich erschwert wird. „Multitasking", also parallele Bearbeitung verschiedener Themen (was Frauen nur angeblich besser können als Männer), ist eine schöne Idee, wissenschaftlich gesehen jedoch schlicht eine Illusion. Man kann seine Aufmerksamkeit jeweils nur auf ein Thema richten. Je mehr Aufgaben man „im Hinterkopf" haben muss, umso ineffizienter wird die Arbeit, und am Ende des Tages hat man im Grunde nichts geschafft.

 MAXIMALER STRESS DURCH HÄUFIGE UNTERBRECHUNG: Wenn Sie langfristig Spaß an Ihrer Arbeit haben und Stress minimieren wollen, sollten Sie dieses Thema offensiv angehen. Kein vernünftiger Arbeitgeber wird etwas dagegen haben. Feste Zeiten, in denen neu eingehende Mails bearbeitet werden und Anrufbeantworter, die auf Sprechzeiten verweisen, sind einfach zu realisierende Dinge, die allen nützen.

Weniger Stress mit den Kollegen

Probleme mit Vorgesetzten und Kollegen sind im Alltag keine Seltenheit. Narzissmus und Arroganz gegenüber dem Umfeld sind in Führungsetagen überrepräsentiert. Zudem konkurrieren Menschen um die Zuneigung ihrer Vorgesetzten, um Anerkennung, um Beförderungen oder um ein höheres Gehalt, wobei nicht immer nur faire Strategien eingesetzt werden. Allerdings erfüllt nicht jeder Konflikt, der von Betroffenen als Mobbing erlebt wird, die juristischen Kriterien dieses Phänomens. Idealerweise sollten Vorgesetzte entschlossen eingreifen, wenn sie anhaltende Konflikte im Team wahrnehmen.

Doch auch Vorgesetzte haben Vorgaben umzusetzen und stehen dabei oftmals ganz erheblich unter Druck. Womit wir wieder bei Karasek und Thorell wären. Sobald die Entscheidungsfreiheit geringer ist, als zur eigenverantwortlichen Lösung von Problemen erforderlich wäre, steigt der Stresslevel an. Letztlich können somit Mitarbeiter aller Hierarchiestufen unter potenziell gesundheitsschädlichen Druck geraten. Was motiviert oder zwingt Menschen, sich beruflichen Belastungen auszusetzen? Was motiviert oder zwingt Sie beziehungsweise „Warum mache ich das überhaupt?".

Üblicherweise sind es zunächst einmal materielle Gründe, weshalb man arbeitet. Schließlich muss man seinen Lebensunterhalt bestreiten. Darüber hinaus kann ein Job idealerweise viele andere positive Aspekte beinhalten, die das Leben bereichern: Man lernt etwas dazu, hat Erfolgserlebnisse dadurch, dass man seine Fähigkeiten anwenden kann, man trifft sich mit netten Leuten, bekommt Anerkennung. Der Tag, die Woche, das Leben bekommen eine Struktur und überhaupt ist die Tätigkeit sinnvoll. Sich bewusst zu machen, welche Funktionen der Beruf für einen aktuell hat und langfristig haben sollte, ist gerade wenn es um das Stressthema geht wichtig. Letztlich ist das die Motivationsgrundlage für die Energien, die man aufbringen muss, um die mit der Arbeit einhergehenden Belastungen bewältigen zu können. Anhand der Abb. auf Seite 140 lässt sich dies gut bilanzieren. Und wenn es erhebliche Diskrepanzen zwischen der aktuellen und der idealen Situation gibt? Dann ergibt sich daraus eine Aufgabe, die es im Sinne der eigenen Lebenszufriedenheit und Gesundheit zu lösen gilt. Anregungen speziell im Spektrum von „Love it, change it or leave" it finden sich in diesem Buch fast überall und zudem abschließend ab Seite 169.

Bringen Sie die Waage ins Gleichgewicht

Arbeitszufriedenheit minimiert das Stresserleben. Machen Sie sich auf den Weg!

Was macht einen guten Arbeitsplatz aus? Die Forschung hat dazu umfangreiche Listen hervorgebracht: ein ruhiger Arbeitsraum, höhenverstellbare Schreibtische, adäquate Beleuchtung, Lärmschutz und vieles mehr. Bis hin zu dem Gefühl, gut über die Abläufe informiert zu sein und durch Vorgesetzte angemessene Anerkennung zu erhalten. Dass es Menschen gibt, die an solch idealen Arbeitsplätzen trotzdem maximalen Stress erleben und sich absolut unwohl fühlen, aber auch solche, die an ziemlich desolaten Arbeitsplätzen rundherum glücklich sind, ist eine Erkenntnis, die Arbeitswissenschaftler seit längerem beschäftigt. Menschen machen offenkundig keine Positiv- und Negativlisten bezüglich ihres Arbeitsplatzes um dann, wenn die Positivliste länger ist, mit ihrem Arbeitsplatz zufrieden zu sein oder umgekehrt. In den meisten Punkten und erst recht in der Gesamteinschätzung vermischen sich objektive Aspekte mit individuellen Erwartungen auf so komplexe Weise, dass es kaum möglich ist, die Qualität eines Arbeitsplatzes ausschließlich anhand objektivierbarer Faktoren zu beurteilen.

 WIE MAN ARBEITSZUFRIEDENHEIT MISST: Der Gesundheitswissenschaftler Johannes Siegrist hat das „Modell der beruflichen Gratifikation" entwickelt, mit dem er objektive und individuelle Aspekte integriert. Das Modell erwies sich in zahlreichen, fast weltweit erstellten Studien als sehr aussagekräftig. Da es sich auch zur individuellen Standortbestimmung und Optimierung des persönlichen Stressmanagements anbietet, soll es hier eingehender vorgestellt werden.

Berufliche Gratifikation und Gratifikationskrisen

Johannes Siegrists „Modell der beruflichen Gratifikation" lässt sich am besten anhand einer Waage erklären. Auf der linken Seite der Waage finden sich die belastenden Faktoren. Das ist zunächst einmal das, was ein Mensch in seinem Beruf leisten muss. Oberhalb der Waagschale finden sich die objektiven äußeren Anforderungen. Diese entsprechen dem, was im Arbeitsvertrag steht (Tätigkeitsbeschreibung, Zahl der wöchentlichen Arbeitsstunden u. a.). Gleichwohl ist offenkundig, dass zwei Menschen am gleichen Arbeitsplatz unter identischen Arbeitsbedingungen unterschiedlich belastet sein können. Die Unterschiede liegen auf individueller Ebene, in unterschiedlichen Fähigkeiten und Veranlagungen, einschließlich einer unterschiedlich hohen Verausgabungsneigung. Wer hohe Ansprüche hat oder in jedem Fall Fehler vermeiden will (Stressbeschleuniger, siehe S. 89), der wird sich stärker verausgaben als jemand, der diesbezüglich weniger vorbelastet ist. All das hat Einfluss auf die linke Belastungswaagschale.

Dem gegenüber, auf der rechten Seite der Waage, liegen die Faktoren, die ein Mensch als Gratifikation, also als Belohnung für

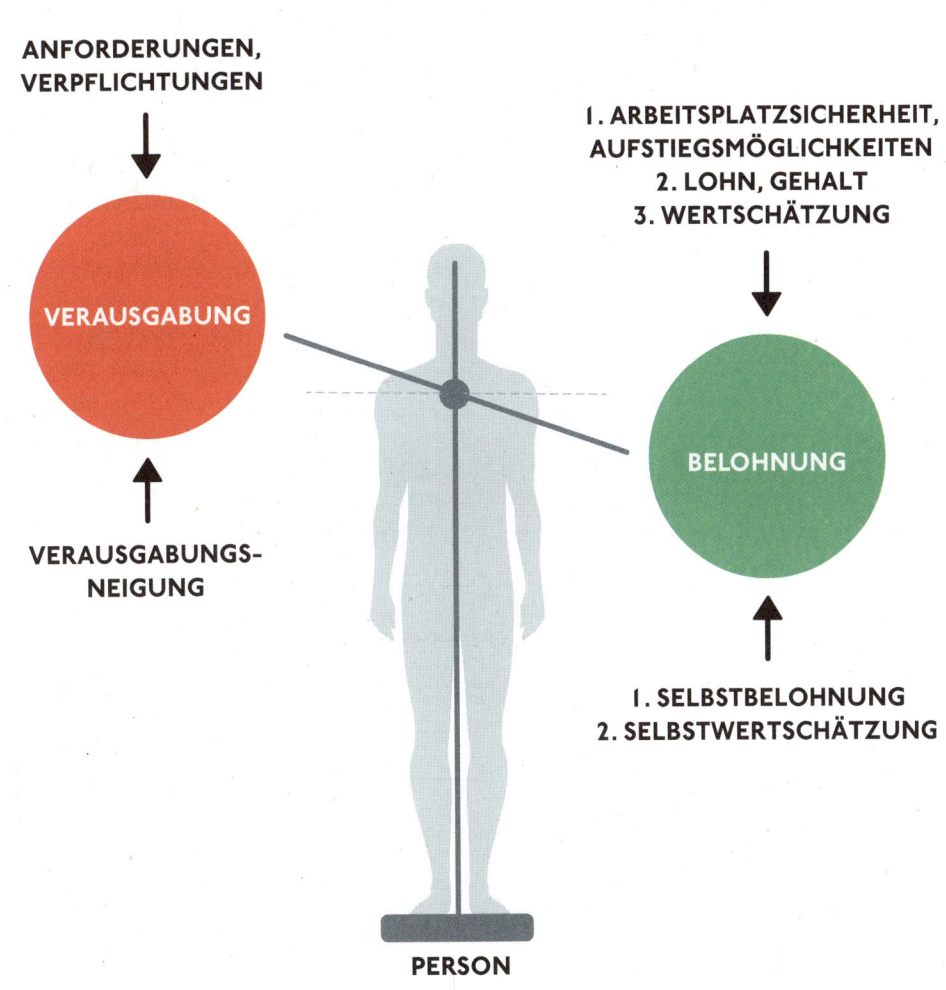

geleistete Arbeit und die dafür notwendige Verausgabung erhält. Das sind wiederum zum einen objektive Aspekte, also Lohn oder Gehalt, Arbeitsplatzsicherheit, Weiterbildungs- und Aufstiegsmöglichkeiten. Unterhalb der rechten Waagschale finden sich dann wieder die subjektiven Aspekte, insbesondere die Fähigkeit, mit sich und seiner Arbeit zufrieden zu sein, was ein Aspekt der in diesem Kapitel bereits thematisierten Selbstwertschätzung ist. Zudem gibt es noch die Wertschätzung und Anerkennung, die ein Mensch durch Vorgesetzte, Kollegen oder auch durch Kunden, Klienten oder Schüler erhält.

Denken Sie an Ihre aktuelle Tätigkeit. Wenn Sie die Belastungen, die Ihre Arbeit für Sie bedeutet, und die materiellen wie immateriellen Belohnungen, die Sie dafür erhalten, gegeneinander abwägen: Welche Seite überwiegt? Es gibt einen Fragebogen, mit dem die Frage nach der Berufszufriedenheit in wissenschaftlichen Untersuchungen differenziert abgebildet wird: den „Effort-reward-imbalance"-Fragebogen bzw. zur Erfassung beruflicher Gratifikationskrisen (ERI). In aller Regel funktioniert Ihr Bauchgefühl aber auch recht gut. Wenn Sie die Aussage „Ich bekomme von und durch meine Arbeit – mindestens – das wieder heraus, was ich an Einsatz dafür investiere" mit „Es passt" kommentieren: Gratulation! Es bedeutet, dass die Wahrscheinlichkeit, in zehn Jahren einen Herzinfarkt oder eine psychische Erkrankung, etwa eine Depression, zu erleiden, signifikant niedriger ist, als wenn Ihre Antwort „Es passt nicht!" lautet.

> (!) **WELTWEITE STUDIEN:** Studien mit Menschen aus unterschiedlichen Berufen und Gesellschaften, von Busfahrern in Düsseldorf bis zu Versicherungsmitarbeitern in Japan, haben den Zusammenhang zwischen Gratifikationserleben und Krankheit jeweils mit sehr ähnlichen Ergebnissen bestätigt. Der medizinische Hintergrund dafür ist, dass ein Gratifikationsungleichgewicht schlicht chronischen Stress bedeutet, einhergehend mit dem Risiko für erhöhten Blutdruck, erhöhten Blutzucker, schlechteren Schlaf, Depressionen usw.

Für den Fall, dass Ihr Gratifikationsgleichgewicht ausbalanciert ist oder die Belohnungen sogar überwiegen, können Sie sich auf die Schulter klopfen und glücklich schätzen! Für den Fall, dass es eher nach einem Ungleichgewicht zu Lasten der linken Belastungswaagschale aussieht, stellt sich die Frage, was Sie tun können. Der große

Vorteil des Gratifikationsmodells ist, dass es die Integration objektiver und subjektiver Aspekte aufzeigt und damit auch Möglichkeiten, gezielt Veränderungen vorzunehmen.

Was Sie aktiv tun können

Die theoretisch einfachste Möglichkeit wäre: Suchen Sie sich einen Job entweder mit weniger hohen Anforderungen oder weniger Arbeitsstunden und/oder mit einem höheren Gehalt für die gleiche Tätigkeit. In Situationen, in denen ein Mensch objektiv von dem, was gefordert wird, überfordert ist, etwa weil ihm die fachliche Qualifikation dafür fehlt und er nicht in der Lage bzw. bereit ist, dies eigeninitiativ nachzuarbeiten, ist ein solcher Schritt oftmals unumgänglich. Wenn es fachlich passt, gäbe es die Möglichkeit, die eigene Verausgabungsbereitschaft – also etwa die eigenen Stressbeschleuniger (siehe S. 89) zu reduzieren. Dass das kurzfristig oft schwierig ist, ist kein Geheimnis.

Alternativ läge nahe, das Gewicht auf der Gratifikationsseite zu erhöhen. Studien zeigen, dass die Höhe des Gehalts, solange es deutlich oberhalb des Existenzminimums liegt, langfristig kaum Einfluss auf das Gratifikationsgleichgewicht hat. Vorübergehend fühlt man sich durch eine Gehaltserhöhung besser. Meist hält das nicht lange an. Wichtiger ist den meisten Menschen Wertschätzung. Eine Chefin, die mitbekommt, dass man eine schwierige Aufgabe gut gelöst hat und dies direkt anspricht („Das haben Sie super hinbekommen! Sie können wirklich stolz auf sich sein ... und ich bin froh, jemanden wie Sie hier in meiner Abteilung zu haben!"), ist vermutlich das Erfreulichste, was einem als Mitarbeiter passieren kann. Nun hat nicht jeder Mitarbeiter das Glück, eine gleichermaßen sensible und kompetente Vorgesetzte zu haben. Schon deshalb gehört „wertschätzender Umgang" zu den zentralen Themen in Schulungen für angehende und praktizierende leitende Mitarbeiter.

Was Unternehmen tun können? Ein wertschätzender Umgang, in dem direkte Anerkennung und Lob zentral sind, kostet nicht viel und ist geradezu eine Wunderwaffe, wenn es um Mitarbeiterzufriedenheit, um den Verbleib verdienter Mitarbeiter im Unternehmen und damit um den wirtschaftlichen Erfolg einer Firma geht.

Also wäre alles gut, wenn jedem Vorgesetzten eingeschärft würde: „Lobt Eure Mitarbeiter, wann immer Ihr könnt!"? Etwas

FUNKTIONEN DER ARBEIT

Warum arbeiten Sie? Was ist Ihnen wichtig?

	MEIN PERSÖNLICHER RANGPLATZ	
	aktuell	ideal
LEBENSUNTERHALT	_____	_____
ERWERB VON FÄHIGKEITEN	_____	_____
ANWENDUNG VON FÄHIGKEITEN/KOMPETENZERLEBEN	_____	_____
SELBSTENTFALTUNG	_____	_____
SOZIALE KONTAKTE	_____	_____
SINNSTIFTUNG	_____	_____
ZEITSTRUKTURIERUNG	_____	_____
GESELLSCHAFTLICHE ANERKENNUNG	_____	_____
SPASS AN _____	_____	_____

komplizierter ist es dann allerdings doch. Überlegen Sie selbst: Wie würden Sie als Mitarbeiter eine regelrechte Lobdusche wahrnehmen? Nehmen Sie an, Ihr Chef kommt und sagt: „Sie machen hier ganz tolle Arbeit. Sie können stolz auf sich sein, die Firma ist stolz darauf, Sie als Mitarbeiter hier zu haben ..."

Klingt zunächst einmal angenehm, ruft aber möglicherweise Reaktionen hervor wie: „Mein Chef war auf Fortbildung. Da hat er gelernt, dass er uns loben soll, aber er meint es nicht so!" Nun wird es noch komplexer: Stellen Sie sich vor, Sie haben eine Sonderaufgabe, etwa die Organisation eines Betriebsfestes, souverän und zur Zufriedenheit aller erledigt. Der Chef kommt auf Sie zu und beginnt mit den Worten: „Die Organisation unseres Festes, das haben Sie wirklich prima gemacht, ein so gut organisiertes Fest hatten wir noch nie ..." Wie, vermuten Sie, geht der Satz weiter? Falls Ihre Vermutung sein sollte „... darf ich davon ausgehen, dass Sie auch das Fest im kommenden Jahr organisieren?!", dann haben Sie vermutlich bereits die Erfahrung gemacht, dass Lob ein zweischneidiges Schwert sein kann. Nämlich dann, wenn gelobt wird, um damit eine Zusatzaufgabe „besser zu verkaufen". Auf ein solches Lob mit „freut mich sehr, aber das nächste Mal bitte jemand anders ..." zu antworten und damit einen Konflikt zu provozieren, erfordert erheblich größere Souveränität, als freundlich zu nicken und „ja gern, wenn Sie meinen ..." zu antworten. Sie sehen: Lob wird problematisch, wenn es als Manipulationsmittel eingesetzt wird. Und was ist mit Wertschätzung? Gehört das über oder unter die Gratifikationswaagschale „Belohnung"?

☞ **AN DIESER STELLE FÜR SIE EINE GRATULATION!**
Es ist nicht selbstverständlich, dass Sie dieses Buch bis hierher gelesen und sich die Mühe gemacht haben, die jeweiligen Themen auf Ihre Person bezogen durchzudenken! Das setzt Engagement, Konzentration und eine große Offenheit sich selbst gegenüber voraus! Sie sind schon deshalb: etwas Besonderes!

Was ist Ihre Reaktion auf dieses (absolut ehrlich gemeinte) Lob? Ein Retour-Lob („gut geschrieben ...")? Dafür danke! Oder ein „Das ist doch selbstverständlich!"? Merken Sie was? Durch Automatismen dieser Art werden Lobinhalte entweder umgehend an den, der Sie Ihnen zuteil werden lassen möchte, „zurückgeschmettert" oder so neutralisiert, dass vom Lob wenig übrig bleibt. Viele Menschen, vor allem besonders leistungsorientierte, neigen dazu, ein Lob quasi automatisch zu neutralisieren. Schließlich wurde man ja gut erzogen. Sich selber loben oder sogar stolz auf eigene Leistungen sein? Mit soviel emotionaler Ladung muss man umgehen können! Eigenlob stinkt und eitel sind wir schon mal gar nicht. Vor anderen gelobt zu werden, wird deshalb zumindest in bestimmten sozialen Schichten als eher unangenehm erlebt. Was kurios ist, denn fast jeden Menschen dürstet es danach, gelobt zu werden. Und wenn es geschieht, ist man kaum in der Lage, das Lob anzunehmen.

Was macht das Annehmen von Lob so schwierig?

Stellen Sie sich vor, Sie haben einen Vorgesetzten, den Sie für fachlich inkompetent halten. Wenn der Sie ausführlich lobt, wie gut Sie eine Aufgabe erledigen, wie würde das bei Ihnen ankommen? Sie fänden es sicher nett, würden aber denken: „Das kann der doch gar nicht beurteilen!" Sein Lob geht Ihnen dann zum einen Ohr rein und zum anderen wieder hinaus.

Und nun stellen Sie sich bitte umgekehrt vor, Sie sind die Chefin einer sehr unsicheren, etwas hilflos wirkenden Mitarbeiterin. Um diese zu unterstützen, loben Sie jeden kleinen Erfolg der Kollegin. Das tut Ihrer Mitarbeiterin zwar erkennbar gut, ändert jedoch nichts an ihrer Unsicherheit. Sie als Vorgesetzte haben zunehmend das Gefühl, dass Ihr ehrlich gemeintes Lob bei der Kollegin durch ein zu grobes Sieb fällt. Versetzen Sie sich abschließend in die Rolle dieser Kollegin: Wer ein geringes Selbstwertgefühl hat, wer sich selbst nicht in seinem Engagement und seinen Leistungen anerkennen kann, dem ist es letztlich kaum möglich, Lob von außen anzunehmen. Die Denkweise ist dann eher: „Meint meine Chefin das wirklich so? Sieht die nicht, dass ich eigentlich überfordert bin, wenn die wüsste ..."

Sicher gibt es Mitarbeiter, deren Chef nach dem Motto „Nicht geschimpft ist genug gelobt" handelt. Und weil man diesen etwas bärbeißigen, aber aufrechten und kompetenten Menschen kennt und selbst weiß, dass man gute Arbeit leistet (und auch stolz darauf ist), ist das Lob von außen gar nicht so wichtig. Es passt auch so bestens! Aus den Beispielen dürfte deutlich geworden sein:

Wertschätzung ist einerseits ein entscheidender Aspekt, wenn es um Stressmanagement und Arbeits- sowie Lebenszufriedenheit geht. Andererseits ist das Phänomen in hohem Maße interaktiv. Es lässt sich fast nie auf die Bringschuld von Vorgesetzten reduzieren, sondern funktioniert nur, wenn beide Seiten hinreichend kompetent mit dem Thema umgehen können.

 MIT LOB UMGEHEN: Die Kompetenz liegt darin, zum einen Lob annehmen, sich zum anderen aber auch angemessen abgrenzen zu können, etwa so: „Danke, es freut mich sehr, dass Ihnen das Fest gefallen hat. Aber die damit verbundenen Aufgaben waren so zeitraubend, dass ich es das nächste Mal nicht wieder organisieren möchte!" Das funktioniert langfristig wiederum nur, wenn man ein stabiles Selbstwertgefühl hat und einen wertschätzenden Umgang mit sich selbst pflegt.

Familienstress? Eine Frage der Kommunikation

Nicht zuletzt im Privatleben braucht es gute Strategien, um mit dem auch hier unvermeidlichen Stress umzugehen.

Stress in der Familie? Ein unendliches Thema! Dabei wäre es so einfach. Partner müssten sich nur alle Wünsche von den Lippen ablesen und diese erfüllen, Kinder müssten tun, was die Erwachsenen von ihnen erwarten, und alle müssten ihre überzogenen Selbstansprüche dem Wohl des Ganzen unterordnen. Das klingt geradezu märchenhaft: Keinen Stress in der Familie zu haben, das ist in unserer individualistisch-emanzipierten Gegenwart, wo die Eltern nicht mehr uneingeschränkte Herrscher der Familie sind, kaum noch vorstellbar. Bereits das Thema Partnerschaft bietet so viele Einfallstore für das Thema Stress, dass die Bücher darüber ganze Bibliotheken füllen. Da geht es, sobald die Aura der romantischen ersten Liebe vorüber ist, um die Frage, ob traditionelle oder alternativ-emanzipierte Modelle die Partnerschaft prägen. Und damit auch darum, wie viel Individualität jeder der Partner sich herausnehmen darf.

Spätestens, wenn eine Partnerschaft mit Kindern gesegnet ist, ist Stress vorprogrammiert. Wollen wir heute noch Kinder, die das tun, was die Eltern von ihnen erwarten? Oder sind Eltern im Idealfall nur gute Kumpels ihrer Kinder und ansonsten (was disziplinarische Möglichkeiten und Ambitionen anbelangt) meist eher hilflose Spaßverderber? Kinder und Jugendliche so zu erziehen, dass sie selbstbewusst, durchsetzungsfähig und immer glücklich sind, ist das Ideal.

So soll es beispielsweise noch Eltern geben, die ihre Kinder nötigen ein Instrument zu spielen, auch wenn denen das Üben keinen Spaß macht. Oder Eltern, die erwarten, dass ihre Kinder im Haushalt mithelfen, maximal zwei Stunden Internet erlaubt und für die Cannabis ein absolutes Tabu ist. All das garantiert Stress, der sich kurzfristig durch eine „liberale" Haltung („Die müssen selber wissen, was ihnen guttut!") reduzieren lässt, dann aber langfristig nicht selten noch größer wird. Nein, das hier ist kein Erziehungsratgeber. Gleichwohl bietet die Erziehung von Kindern eine unendliche Fülle von Beispielen für unser Stressthema, die zumeist darauf hinauslaufen, dass kurzfristige Stressvermeidung, die sich zudem mit der Argumentation „Kinder müssen sich entwickeln! Waren wir früher nicht auch so ..." legitimieren lässt, langfristig bitter rächen kann. Dabei kommt es selbstverständlich auf die konkreten Situationen und Augenmaß an.

Gemeinsames Handeln verringert Stress

Wie auch immer Sie mit in der Partnerschaft und/oder der Familie auftretenden Stresssituationen umgehen: Entscheidend ist, dass es gerade in der Kindererziehung eine verbindliche Abstimmung beider Elternteile gibt, nach der beide so konsequent wie möglich handeln. Parallel dazu sollte geklärt sein, welchen Stellenwert die Partnerschaft angesichts der heranwachsenden Kinder haben kann und soll. Wer schränkt, neben der Zeit und der Energie, die Beruf und Haushalt erfordern, diesbezüglich wie stark seine jeweiligen eigenen Interessen ein? Was erleben beide Partner dabei als „gerecht"? Und auf dieser Grundlage: Welche Grundsätze gelten bezüglich der Erziehung? Welche Aufgaben, Pflichten und Verantwortungen hat das Kind ab welcher Entwicklungsstufe? Und was wollen wir als Eltern an Stress auf uns nehmen, um das Kind so zu erziehen, dass es seinen ihm zugedachten Pflichten auch nachkommt? Haben wir als Familie ein gemeinsames Ziel und wenn ja, wie sieht das aus?

> **STRESSMANAGEMENT IN DER FAMILIE:** Als Basis empfiehlt es sich, die genannten und viele andere für das Zusammenleben wichtige Punkte zu diskutieren und die gemeinsame Basis zu definieren. Im Laufe der Zeit werden viele einmal vereinbarte Grundsätze hinterfragt und boykottiert werden. Klären Sie, welche Grundsätze auch dann noch verbindlich bleiben, wenn es anstrengend oder stressig wird.

Noch einmal und weil es so wichtig ist: Am Anfang ist die Supermarktkasse mit ihren verlockenden Süßigkeiten. Damit umzugehen ist, weil die Kinder noch klein sind, noch vergleichsweise einfach, auch wenn man den Lautstärkepegel, den Dreijährige an der Kasse entwickeln können, und die vielsagenden Blicke der anderen Kunden berücksichtigt. In höherem Alter wird es komplexer. Dazu zwei etwas ausführlichere Beispiele:

Ihr Kind will Bogenschießen lernen und bekommt einen teuren Bogen gekauft. Nach vier Wochen im Verein erklärt es Ihnen, dass es keinen Bock mehr auf Bogenschießen hat, weil es dort „so doof" sei. Andere Kinder schießen offenkundig deutlich besser als Ihr Sprössling. Wie reagieren Sie? Nachgeben, schließlich muss das Kind ja selber wissen, was gut für es ist (und heimlich darüber schimpfen und überlegen, ob man den teuren Bogen mit Verlust weiterverkaufen soll). Oder würden Sie auf die Verantwortung des Kindes verweisen: „Du hast es gewollt, wir haben deshalb den Bogen gekauft und Dich angemeldet. Dann musst Du eben intensiver trainieren, wenn die anderen besser sind ... Kneifen gilt nicht. Du gehst weiter hin ... "

Wenn Sie Wert darauf legen, kurzfristig Stress zu vermeiden, bietet sich Variante 1 an. Wenn Sie Wert darauf legen, aus Ihrem Kind einen Selbstverantwortung tragenden Menschen zu machen, der einen gesunden, nicht nur auf der Fähigkeit der Abgrenzung beruhenden Selbstwert hat, dann wäre Variante 2 alternativlos.

Ein weiteres Beispiel? Der 28-jährige Sohn steht vor Ihnen und erklärt, dass er sich nun dazu entscheiden konnte, sein aktuelles Studium abzubrechen (vorher hatte er bereits andere Ausbildungen und Studien abgebrochen). Er sei nun wirklich und erfreulicherweise zur Erkenntnis gekommen, dass dieses Studium beziehungsweise der daraus hervorgehende Beruf doch nicht zu ihm passt, weil er ihm nicht wirklich Spaß macht. Sein Anliegen ist, dass Sie volles Verständnis zeigen, schließlich habe er sich mit der Entscheidung schwergetan, und eine Auszeit von einem Jahr finanzieren, in dem er sich „selber finden" und neu orientieren kann. Wie reagieren Sie?

Wie bereits erwähnt: Dem Kind kurzfristig jeweils den Druck zu nehmen, reduziert zwar Stress, führt aber bei Wiederholungen dazu, dass die Identität Ihres Kindes auf relativ schwachen Füßen steht (siehe S. 53) und es eben nicht lernt, Stresswellen zu surfen! Schwierigkeiten und Phasen, in denen etwas keinen Spaß macht, zu überwinden und sich mit bestimmten Themen, sei es im sportlichen, sozialen, künstlerischen oder technischen Bereich, konstruktiv und verbindlich auseinanderzusetzen, ist genau das, was ein gesundes Selbstbewusstsein ausmacht. Auf solchen Fundamenten lässt sich aufbauen, auch wenn später ganz andere Gebäude darauf stehen. Ein Fundament nachzuarbeiten ist, wenn es überhaupt möglich sein sollte, erheblich schwieriger.

Stress kennt keine Grenzen

Stress im Beruf und im Privatleben lässt sich zwar in eigenen Kapiteln darstellen. Im realen Leben gibt es solche Grenzen oftmals nicht. Den Stress, den man im Beruf hatte, an der Firmentür liegen zu lassen, um entspannt nach Hause zu fahren, ist genauso illusorisch wie umgekehrt. Wenn es zu Hause Krach gab, dann bedeutet das Stress, den man nicht einfach herunterschlucken kann, um sich entspannt seiner beruflichen Tätigkeit zuzuwenden.

Besonders schwierig ist die Trennung der Bereiche bei Berufen, die keine klaren Grenzen zum Privatleben haben. Etwa bei Lehrern, die zu Hause korrigieren und den Unterricht vorbereiten. Dank Homeoffice ist das zu einem viele Berufe betreffenden Thema geworden. Einerseits hat es Vorteile, seinen Job von zu Hause aus machen zu können: keine Anfahrtswege, keine Staus und weniger Zwang zu diversen, indirekt mit dem Beruf zusammenhängenden Interaktionen. Andererseits hat es Nachteile dadurch, dass das Leben seine Konturen verlieren kann. Wo hört die Arbeit auf und wo fängt die Freizeit an (und umgekehrt)? Wenn das für Sie ein Problem sein sollte, dann haben sich Strategien bewährt, die Bereiche zu trennen (soweit dies praktisch möglich ist): einen Schreibtisch für die Arbeit, einen anderen für die privaten Dinge. Oder auch: sich für die Arbeit komplett anzuziehen, keine Arbeit in Schlafanzughose und einem pro forma angezogenen Hemd. Und wenn Ihnen dann noch eine Ideallösung einfallen sollte, wie man Kinderbetreuung, Hausaufgabenüberwachung, seine eigenen Eltern und gleichzeitig die Arbeit am PC unter einen Hut bringen kann, dann gerne eine Mitteilung! Sie lachen? Falls Sie gerade schmunzeln mussten: sehr gut! Humor ist in allen Lebensbereichen eine exzellente Strategie für das Stresswellensurfen! Wo externe Unterstützung und Struktur nicht verfügbar sind, helfen Akzeptanz und Humor gelegentlich ein Stück weit, um, wenn man die Stresswellen schon nicht souverän stehen kann, doch zumindest den Kopf über Wasser zu halten.

 SPILL-OVER-EFFEKTE: Die Überlappung der Stressbereiche, „Spill-over-Effekte" genannt, wurden unter unterschiedlichen Fragestellungen untersucht. Etwa was die Trennung der verschiedenen Rollen anbelangt. Ein Beispiel ist der autoritäre Chef, dessen Wort in der Firma Befehl ist. Zu Hause soll er dann ein die Ehefrau unterstützender, die Hausaufgaben betreuender liebevoller Vater sein, kehrt jedoch mitunter „genervt" ebenfalls den Chef raus, was unvermeidlich zu Konflikten mit Frau und Kind führt.

Für den Fall, dass Sie bei der Lektüre der letzten Seiten das Gefühl hatten, dass das alles viel zu kurz greift, vieles oberflächlich blieb und eingehender thematisiert werden sollte: Sie haben vollkommen Recht! Es konnte an dieser Stelle, in einem Buch zum Thema Stress, nur darum gehen, quasi die Überschriften der Themen zu benennen, die in Beruf und Privatleben Stress machen können. Und darum nachvollziehbar aufzuzeigen, dass es in der Regel die Interaktion aus situativen beziehungsweise von anderen abhängigen Faktoren und den eigenen Mustern ist, die zu Problemen oder Konflikten führen und damit „Stress machen".

Less Stress für Sie, Ihre Kids und Teenager

Von Experten wird konstatiert, dass unsere Leistungsgesellschaft unsere Kinder überfordert.

Das stimmt, wobei Entlastung keine Lösung, sondern ein Teil des Problems ist. Also: Macht den Kindern keinen Druck, sie sollen sich möglichst frei entwickeln und machen, was ihnen gut tut. Hilft das? Wie belastet erleben sich Jugendliche und wovon hängt es ab, wie belastet sie sich fühlen? Eine Psychologin hat unlängst eine Befragung zu diesem Thema gemacht, wobei sie eine für Schüler adaptierte Version des Maslach-Burnout-Fragebogens verwendete (siehe S. 42). Die Jugendlichen im Alter zwischen 12 und 18 Jahren durften zum einen ihre Ziele und zentralen Werte benennen („Das Wichtigste im Leben: Geld verdienen, Erfolg im Beruf, Partnerschaft/Familie, Spaß im Beruf") und zudem benennen, was sie nach der Schule vorhaben. Also entweder ein mehr oder weniger konkretes Berufsziel notieren, oder, wenn das noch unklar ist, zumindest angeben, ob eine Ausbildung oder ein Studium beabsichtigt ist. Wenn alles noch unklar ist, dann war „Weiß nicht" die alternative Antwortmöglichkeit.

Ausgehend von der Hypothese, wonach konkrete Berufsziele per se Druck und Stress bedeuten, müssten eben diese Jugendlichen besonders belastet sein. Ziele, etwa Arzt oder Psychologe werden zu wollen, setzen ein gutes Abitur voraus. Zudem: Jedes konkrete, verbindliche Ziel im Leben reduziert die Freiheit, sich anderen Zielen zuzuwenden, was mit Verpflichtungen und damit potenziellem Druck einhergeht. Das Ergebnis der Studie war aber dann ganz anders, aber eindeutig: Was die Werte anbelangt (übrigens auch bei Jugendlichen anderer Schularten und in anderen Ländern, sogar in China) ist „Spaß im Beruf/im Leben haben" das mit Abstand wichtigste Lebensziel, gefolgt von Familie und Freunden. Erfolg im Beruf und zuletzt, deutlich abgeschlagen, Geld verdienen werden dem gegenüber als wenig attraktive Ziele erlebt. Der Grund dafür dürfte sein, dass gerade für Jugendliche aus geordneten sozialen Verhältnissen das, was ihre Eltern noch angetrieben haben mag, nämlich Karriere machen und Geld verdienen, für sie als Erbengeneration nicht mehr sonderlich wichtig ist. Welche Jugendlichen fühlten sich nun am meisten unter Druck, gestresst und ausgebrannt?

Tatsächlich waren es, die mit gänzlich unklaren beruflichen Perspektiven, also die, die entsprechend „weiß nicht" angekreuzt hatten. Denjenigen, die außerdem „Spaß" als wichtigsten Wert hatten, ging es am schlechtesten. Umgekehrt waren diejenigen, die einen konkreten Berufswunsch nannten, am wenigsten belastet. Was kann man daraus mit Blick auf die Frage nach Stressreduktion schließen? Zumal für orientierungslose Jugendliche und junge Erwachsene gilt: mehr Perspektive – weniger Stress!

Wer kein konkretes Ziel hat, der schlingert irgendwie umher. Jede Form von Belastung, die nun einmal jeder Schulform eigen ist, wird dann zwangsläufig als ansonsten sinnloser Selbstzweck der Institution interpretiert, dem man hilflos ausgeliefert ist. Für diejenigen, die über die Schule hinausweisende Ziele haben, welche auch immer, werden die gleichen Stressoren zu Hürden, die es zu überspringen gilt, um dahin zu kommen, wo man hin will.

> **ZIELE HABEN MINDERT STRESS:** Wer nicht weiß, wohin er surfen will, der hält sich nicht lange auf dem Brett! Wer hingegen eine Richtung hat, für den ist vieles klar, etwa, wie man sich auf dem Surfbrett positionieren muss, um die ideale Welle erwischen und sein Ziel erreichen zu können.

Haben Sie diese Ergebnisse überrascht? Auch wenn sie eindeutig sind, sind sie dennoch: gewöhnungsbedürftig. Auch heute noch entwickelt sich unsere Gesellschaft in Richtung eines immer weitergehenden Individualismus, was beinhaltet, so sein zu dürfen wie man ist und einen Anspruch darauf zu haben, möglichst keinen Stress zu haben.

Aus der Perspektive der letzten Jahrzehnte, aus den Erfahrungen der Baby-Boomer heraus, ist das gleichbedeutend mit: abgrenzen. Nein sagen! Sich die Freiheit nehmen ... Dass eine solche, weitestgehend auf das subjektive Wohlbefinden ausgerichtete Freiheit eine Sackgasse ist, die ihrerseits – ganz erheblichen – Stress machen kann, wird erst nach und nach in der Gesellschaft nachvollziehbar und konsensfähig werden.

Rauf auf die Stresswelle

Wenn Jugendliche also etwas brauchen, dann sind das stützende Rahmenbedingungen, um möglichst gut auf der Stresswelle surfen zu lernen und daran Spaß haben zu können. Passiv genossener Spaß, also die Flucht vor welchem Druck auch immer, etwa durch den Konsum von Genussmitteln, trägt absehbar nicht zur Entwicklung einer resilienten Identität und einem krisenresistenten Selbstwert bei. Wer sich und seinen Kindern den Stress ersparen will, konkrete, über Frustphasen hinweg tragfähige und damit verbindliche Interessen und Ziele zu entwickeln und zu verfolgen, der bekommt es in schwierigen Phasen knüppeldick zurück.

Wichtig ist es nicht, Jugendlichen Stress zu ersparen, sondern ihnen Lösungen für anstehende Entwicklungsschritte zu vermitteln. Das kann für Jugendliche auch bedeuten, Entspannungstechniken zu lernen, sich Auszeiten zu nehmen und gegen unangemessene Forderungen abgrenzen zu können. Allerdings löst das im Falle der heutigen jungen Generationen nicht das zentrale Problem. Diese braucht vorrangig Strategien, sich trotz des kaum noch überschaubaren Angebotes an beruflichen Möglichkeiten und trotz des vielfach zu hörenden „Mach dir keinen Druck und bloß keinen Stress!" selbst zu definieren. Dazu braucht es verbindliche Interessen und Ziele. Wenn das gelingt, reduziert sich das Stress- und Belastungserleben mittel- und langfristig deutlich.

> **DAS PARADIES GIBT ES NICHT:** Es braucht Frustrationstoleranz, um allgegenwärtige Verunsicherungen meistern zu können. Diverse Ablenkungen und Stimmungsaufheller, vom Internetkonsum bis zu Drogen (S. 72), auch wenn sie für sich genommen Stress reduzieren und noch so harmlos sein mögen, sind letztlich kontraproduktiv und bei Überdosierung geradezu fatal.

Stresswellen-Surfen zu lernen ist eine Herausforderung und ein Abenteuer. Wer sich grundsätzlich nicht wehtun und überanstrengen möchte, lernt es nicht. Wenn man auf dem Brett steht und „es läuft", dann ist vieles von dem, was zuvor mühsam war, vergessen.

IHRE PERSÖNLICHE ERHOLUNGSWELT

Auch bei der Erholung müssen wir genau hinschauen: Zu viel oder die falsche Form von Erholung können Stress verursachen. Das Geheimnis liegt jeweils in der Dosierung und im Zeitpunkt.

Work-Life-Balance-Falle

Stehen Ihre Arbeits- und ihre Erholungswelt
in einem ausgeglichenen Verhältnis?
Erfahren Sie, warum diese Frage
falsch gestellt ist.

Das Work-Life-Balance-Modell impliziert, dass Arbeit und Leben unterschiedliche Aspekte sind, die im Sinne einer Waage in einem ausgeglichenen Verhältnis stehen sollen. Unter Arbeit wird dabei Erwerbsarbeit, üblicherweise im Angestelltenverhältnis, verstanden. Derzeit werden maximal 40 Stunden pro Woche als zumutbar und mit einem gesunden Leben vereinbar erachtet.

Das Problem daran ist, dass die „Work-Life-Balance" einen kategorischen Gegensatz zwischen dem „eigentlichen Leben" und der (Erwerbs-)Arbeit formuliert. Wobei Leben so etwas wie ein entspannter, erholsamer Zustand zu sein scheint, in dem man ganz „bei sich" und nicht durch Arbeit „entfremdet" ist. Eine Gegenüberstellung von „work" und „life" im Sinne des Modells ergäbe damit folgendes Bild. Zum einen „work" beziehungsweise Arbeitswelt: Hier handelt es sich um eine fremdbestimmte Tätigkeit, die (zumindest bis zur massiven Ausweitung des Homeoffice) meist außerhalb der privaten Lebenswelt stattfindet. Regeln und Normen werden dabei vom Arbeitgeber vorgegeben. Durch den ihr immanenten Stress ist Arbeit zumindest potenziell gesundheitsschädlich. Zum anderen „life" beziehungsweise Leben: Leben wäre dann gewissermaßen der Gegenentwurf. Es ist selbstbestimmt und frei. Das Leben ist stressarm und erholsam, man ist „ganz bei sich" und damit so „wie man wirklich ist".

Im Work-Life-Balance-Modell ist das Image von Arbeit offenkundig nicht gut. Die Vorstellung eines kategorischen Gegensatzes von Arbeit und Leben ist in unserem Denken stark präsent und in der Wahrnehmung vieler Menschen derzeit anscheinend noch alternativlos. Das Dogma, wonach Arbeit im Marx'schen Sinne „Entfremdung" bedeutet, ist angesichts unserer sich aktuell verändernden Arbeitswelt, in der sich Privatleben und Arbeit örtlich wie zeitlich immer mehr durchdringen und die zunehmend Mitarbeiter als autonom handelnde Subjekte entdeckt, eine durchaus problematische

Erblast. Zudem: Wissenschaftliche Belege dafür, wie viele Arbeitsstunden pro Woche zwangsläufig krank machen müssen, gibt es nicht. Hier geht es eher um politische Kategorien, die von jeder Generation neu definiert und verhandelt werden.

Arbeit und Leben – zwei Welten?

Hätte man Menschen etwa des 17. Jahrhunderts nach ihrer Work-Life-Balance befragt, hätte man vermutlich lediglich Kopfschütteln erhalten sowie die erstaunte Frage: „Ja, wo soll denn da der Unterschied sein?" Arbeit wurde seinerzeit als in hohem Maße durch die Natur oder die Traditionen vorgegeben erlebt, also nicht als mehr oder weniger willkürlich von Vorgesetzten aufgedrückte Belastung. Auch heute gibt es das noch. Können Sie sich einen Landwirt vorstellen, der, wenn eine Kuh krank ist, auf seine Work-Life-Balance verweist?

Was unterscheidet diesen und andere freie Berufe von angestellter Tätigkeit? Zunächst einmal eine im Idealfall hohe Identifikation einer Person mit ihrem Beruf und zudem die Möglichkeit, sich selbstbestimmt Pausen und Freiräume dann zu nehmen, wenn sie möglich sind und benötigt werden. In jedem Fall beruht hier Work-Life-Balance nicht auf einem auf Stunden hochgerechneten Abgleich von Arbeit und Freizeit. Arbeit ist kein notwendiges Übel, das irgendwie ertragen und durch privates Leben ausgeglichen werden muss. Leben und Arbeit sind vielmehr unmittelbar ineinander verwoben und machen integrativ die Identität der betreffenden Person aus. Es soll Landwirte geben, die das Einbringen der Ernte bei schönem Wetter als Erholung und als Vergnügen erleben.

Natürlich ist umgekehrt auch Freizeit nicht immer erholsam. Bisweilen kommt sogar der Eindruck auf, dass – dann leicht ironisch gemeint – die Arbeit der Raum sei, in dem man sich von den Belastungen des Privatlebens erholen kann. Im Work-Life-Modell, so wie es üblicherweise verstanden wird, bildet sich auch dies nicht ab. Zudem, was den Aspekt „selbstbestimmt" anbelangt: Bei vielen Menschen ist die Berufswahl eine auf eigenen Interessen beruhende Entscheidung. Wie ist es bei Ihnen: Ist Arbeit eine Facette Ihres Lebens oder ein Fremdkörper? Haben Sie das Gefühl, in und während Ihrer Arbeit nicht Ihr Leben zu leben? Wo fängt da das eine an und hört das andere auf?

ES BRAUCHT NEUE BEGRIFFE: Das Work-Life-Balance-Modell, wie es üblicherweise aufgefasst wird, ist heute anachronistisch. Sein negatives Potenzial resultiert vor allem daraus, dass unser Identitätserleben mit und im Beruf infrage gestellt wird. Arbeit wird dabei als Pflichtprogramm aus dem Leben ausgegliedert und das „eigentliche", also private Leben zu einem romantisch-erholsamen Zustand verklärt.

Wenn man Stress reduzieren will, ist es wichtig, neue Begriffe zu finden, die flexibler sind und besser zu unserer aktuellen Lebens- und Arbeitssituation passen.

Also Frührente und alles ist gut?

Es wäre schön, wenn sich anhaltende Stresskonstellationen ohne größere Mühe, quasi mit einem Schalter abdrehen ließen. Nicht selten scheinen Frührente oder Frühpensionierung in diesem Sinn final-glückliche Lösungen zu sein. Dass dies in der Realität oft erheblich weniger rosig ist, sieht ein Mensch, für den eine solche Lösung die einzig mögliche Rettung zu sein scheint, meist nicht. Empirische Erhebungen zeigen, dass sich solche Hoffnungen oft nicht erfüllen. Frührente, vor allem aus psychischen Gründen, impliziert vor einem selbst und vor der Gesellschaft eine dauerhafte Krankenrolle. Was aber denken dann die Nachbarn, wenn es mir nach außen doch gut geht? Wenn man nicht gerade auf Mallorca lebt, hat das durchaus Gewicht. Zudem ist es für viele Frührentner nicht leicht, egal wie schlimm der Beruf auch war, etwas zu finden, was gleichermaßen Tagesstruktur, Sozialkontakte und Inhalt vermittelt (siehe S. 127). So hat man in einer einjährigen Studie herausgefunden, dass es entgegen ihrem Wunsch nicht frühpensionierten Lehrkräften besser ging als denjenigen, die wunschgemäß frühpensioniert worden waren.

Also Rente gut, alles gut? Wer vor hat, sein Leben nach der Rente nach dem Motto „Ich mache dann nur noch, wozu ich Lust habe" zu führen, riskiert mittel- und langfristig, den Boden zu verlieren, was einerseits eine geringe Lebensqualität und andererseits Stress bedeutet. Die glücklichsten Rentner (und die mit der höchsten Lebenserwartung) haben eine auch für sie verbindliche Tagesstruktur, regelmäßige Sozialkontakte und eine sinnvolle Tätigkeit.

Was Erholung auszeichnet

Den einen gelingt Erholung spielend, andere wiederum fühlen sich auch nach einem Urlaub unerholt.

Da gibt es Kollegen, die nach einem Wochenende vor Energie strotzen und andere (Sie selbst?), die das Gefühl haben, dass das Wochenende an ihnen vorbeigerauscht ist und keine Spur von Erholung hinterlassen hat. Eigentlich hätte man auf das Wochenende auch verzichten können! Was unterscheidet Erholungsprofis und diejenigen, die nach dem Wochenende zumindest nicht weniger „gestresst" sind, als sie es vor dem Wochenende waren? Auch zu diesen Fragen gibt es Untersuchungen, deren Ergebnisse in etwa auf Folgendes herauslaufen: Erholungsprofis können zunächst aus der Arbeit aus- und dann, gegen Ende der Freizeit, auch bewusst wieder in die Arbeit einsteigen. Unerholte bleiben irgendwo dazwischen stecken. Wenn wir es auf eine normale Arbeitswoche beziehen, dann sind am Freitag alle mehr oder weniger erschöpft. Unerholte nehmen die Arbeit im Kopf ins Wochenende mit. Warum eigentlich?

Das kann positiv etwas mit hohem Verantwortungsgefühl zu tun haben. Wenn jemand nach der Prämisse „Erst die Arbeit, dann das Vergnügen" lebt, stellt sich immer die Frage, ob noch etwas nachzuarbeiten oder vorzubereiten ist. Nun fordert das übliche Leben an Wochenenden seinerseits diverse Aktivitäten von uns, die auch noch unterzubringen sind: Einkaufen, Aufräumen, Die-Eltern-Besuchen und vieles andere. Und schließlich würde man sich gern erholen, etwa mit Freunden eine Radtour machen. Wer versucht, das alles unter einen Hut zu bringen und dabei von der Arbeit nicht loslassen kann, wird nicht zu seiner Fahrradtour kommen („Ich würde gern, aber etwas anderes ist wichtiger") oder aber mit schlechtem Gewissen auf dem Rad sitzen, was dann auch kein Vergnügen wird. Weil man den Kopf eben nicht frei hat: „Körper auf Fahrrad in den Bergen, Kopf am Schreibtisch." Kann das gut gehen?

Alternativ können einen aber auch ganz andere Gedanken und Gefühle in der Arbeit festhalten, was dann auf „Grübeln" hinausläuft. Der Ärger über träge Kollegen. Ärger über eine Chefin, von der man sich schlecht behandelt fühlt. Geradezu Wut über eine Firma, die die Prioritäten so setzt, dass Mitarbeiter gefühlt „die Dummen" sind. Natürlich weiß man, dass man an all diesen Themen zumindest grundsätzlich nichts ändern kann. Was einen aber aufgrund der Emotionalität des Themas (Kränkung, Ungerechtigkeit) nicht daran hindert, diese Probleme immer wieder von vorn neu zu denken. Dabei werden sie einem durch ihre emotionale Ladung umgehend so präsent, als hätte man damit soeben zu tun gehabt. Das ist einerseits ärgerlich, kann mitunter andererseits aber auch fast lustvoll sein: Was müsste man dem Chef mal deutlich sagen, wenn man es denn sagen dürfte? Letztlich bleiben solche Überlegungen frustrierend, weil es eben so ist, wie es ist. Wenn Gedanken dieser Art an berufliche Themen hinreichend emotional geladen sind, dann entwickeln sie eine Kraft und Dynamik, die erfolgreich verhindert, dass man in einen Wochenend- und Erholungsmodus kommt.

In allen Fällen dieser Art ist das Ergebnis ähnlich: Faktisch befindet man sich im Wochenende. Tatsächlich lässt einen die Arbeit aber nicht los. Distanzierung, die Voraussetzung für Erholung ist, gelingt nicht. Sprich: Um sich am Wochenende erholen zu können, ist innere Distanzierung von der Arbeit nötig. Erholungsprofis gelingt dies recht gut. Sie haben den Kopf frei für Erlebnisse in der „Erholungswelt" und damit andere Perspektiven. Am Sonntagabend, wenn es noch etwas vorzubereiten gilt, oder eben am Montagmorgen können sie dann wieder in den Arbeitsmodus schalten. Unerholte haben es aus den skizzierten Gründen schwer, innere Distanz zur Arbeit zu gewinnen, wobei oft persönliche Muster (Gewissenhaftigkeit, Ängste) und die konkrete berufliche Situation interagieren.

Erholungswelt für Gewissenhafte

„Erst die Arbeit, dann das Vergnügen!" oder „Was Du heute kannst besorgen, das verschiebe nicht auf morgen!" – wer nach solchen Vorstellungen erzogen wurde oder aus anderen Gründen so empfindet und handelt, ist zunächst einmal ein gewissenhafter, bezüglich seines Arbeitsengagements bewundernswerter Mensch. Das Problem liegt dann in der Paradoxie, dass gerade dieser hohe Einsatz dazu führt, in Ermangelung angemessener Erholung diese Leistung langfristig nicht oder nur unter Aufbietung aller Kräfte (und dem

Verlust von Lebensqualität) erbringen zu können. Diese Vorüberlegung ist wichtig, denn es geht nicht darum, dass man aus Gründen des reinen persönlichen Wohlbefindens unbedingt Distanz zum Beruf braucht. Vielmehr geht es um den Wunsch, beruflich herausragende Leistung bringen zu wollen. Der innere Drang, sich mit Themen der Arbeitswelt auch am Wochenende intensiv zu beschäftigen, ist nicht falsch, übersieht aber gelegentlich die eigenen Belastungsgrenzen. Demzufolge braucht es eine Strategie, um diese Grenzen nicht zu überschreiten.

Ihr inneres Team

Ausgangssituation war, die eigenen Belastungsgrenzen angesichts einer herausfordernden Situation im Beruf erkennen und angemessen handeln zu können. Stellen wir uns dazu konkret den Moment vor, in dem sich ein Erholungssuchender – also zum Beispiel Sie – aus der Arbeits- in die Erholungswelt begeben will. Was in diesem Moment in Ihrem Kopf abläuft, können wir uns als Szene auf der Bühne eines Theaters vorstellen. Sicher, dazu braucht es zunächst etwas Fantasie!

Im inneren Team, das wir nun auf unserer innere Bühne aufstellen, bekommen die Muster, die unser Erleben und Verhalten prägen, einen Namen und werden zu handelnden Figuren. Nehmen wir die Muster „Du musst immer perfekt sein" oder auch „Das schaffst Du sowieso nicht", die wir „Antreiber" und „innerer Kritiker" nennen könnten. Der Antreiber ist dann üblicherweise groß, laut und dominant; der innere Kritiker dagegen bleibt eher im Hintergrund, wo er leise, aber unüberhörbar seine Botschaft verkündet. Bezogen auf die Frage, warum es manchen Menschen schwer fällt, in die Erholungswelt zu gelangen, und wie ihnen dies gleichwohl gelingen kann, könnte eine Szene auf der inneren Bühne, wie folgt aussehen:

Ein Erholungsbedürftiger (also in diesem Fall Sie selber) hat die stressige Arbeit durchgehalten und es bis zum Freitag geschafft. Nichts wie weg in die Erholungswelt! Auf der (inneren) Bühne steht er nun vor einem gewaltigen Tor, auf dem ein großes Schild befestigt ist: „Erholungswelt/Wochenende". Unser Erholungsbedürftiger geht entschlossen ein paar Schritte auf das Tor zu. Plötzlich tritt ein Wächter auf. Wer könnte das sein? Es könnte das „schlechte Gewissen" sein, in jedem Fall ist es eine bösartig wirkende Figur, die die

WERDEN SIE ERHOLUNGSPROFI!

Hier finden Sie Antwortvorschläge auf mögliche Erholungsverhinderer. Von Ihnen klar vertretene Antworten, bringen Sie direkt in die Erholungswelt!

ERHOLUNGSVERHINDERER, PERSÖNLICHE EINSTELLUNGEN UND MUSTER ALS HINDERNISSE	ANTWORTEN UND STRATEGIEN, UM DIE ERHOLUNGSVERHINDERER AUS DEM WEG ZU RÄUMEN
„Erst die Arbeit, dann das Vergnügen."	„Ohne Vergnügen wird jede Arbeit zur Qual. Wer gute Arbeit abliefern will, muss sich entsprechend auch Vergnügen gönnen."
„Nur wer etwas leistet ist etwas wert."	„Um etwas leisten zu können, ist regelmäßige Erholung zwingend erforderlich. Also rein ins Wochenende!"
„Was Du heute kannst besorgen, das verschiebe nicht auf morgen."	„Stimmt: Was ich heute besorgen kann, ist, mich richtig zu erholen, um dann am Montag wieder fit zu sein."
„Der frühe Vogel fängt den Wurm."	„Der frühe Vogel kann mich mal: Wie komme ich übrigens darauf, dass ich ein Vogel sein soll?"
„Erholung ist was für Leute, die nicht genug zu tun haben."	„Umso wichtiger ist Erholung für diejenigen, die viel zu tun haben – also für mich!"
„Wer rastet, der rostet."	„Stimmt, aber Erholung ist nicht rasten, sondern sich in anderen Gegenden zu bewegen, konkret in der Erholungswelt."
Ihr spezieller Erholungsverhinderer: ...	Welche Antworten und Strategien fallen Ihnen spontan ein, wenn Sie mit den genannten Erholungsverhinderern konfrontiert werden? Bitte notieren!

Funktion eines „Erholungsverhinderers" hat. Dieser Wächter versperrt den Durchgang und ruft mit schneidender Stimme: „Halt! Erst die Arbeit, dann das Vergnügen!" Unser Erholungsbedürftiger ist überrascht und schockiert. Da wurde offenbar sein wunder Punkt getroffen! Er ist sofort bereit, den Rückzug anzutreten, zurück in die Arbeitswelt.

In dem Moment, in dem sich unser Erholungsbedürftiger umdreht, fällt ihm etwas ein. Gab es da nicht gute Argumente für die Erholung? Wenn man Leistung bringen will, braucht man Erholung! Hatte er solche Argumente nicht im Buch „Stress positiv nutzen" gelesen und für richtig befunden? Da gibt es offenbar eine Stimme, die genau das sagt. Die Stimme gehört demnach zu einem „Unterstützer", der nun die Szene betritt. Vielleicht ist es am Anfang noch keine sehr mächtige Figur, aber mit den genannten Argumenten wird sie immer stärker. Der Unterstützer steht nun hinter unserem Erholungsbedürftigen und spricht mit kräftiger Stimme, unbeirrt vom Wächter: „Um gute Arbeit leisten zu können, ist Erholung nötig! Sie verhindern mit Ihrem unqualifizierten Auftritt, dass unser hochengagierter Erholungsbedürftiger in der kommenden Woche seine volle Leistung bringen kann! Wollen Sie dafür die Verantwortung übernehmen?"

Wie geht die spannende Szene dann weiter? Es hängt davon ab, wer überzeugender auftritt, der Wächter oder der Unterstützer. Wenn der Erholungssuchende (waren Sie das?) von den Argumenten des Unterstützers überzeugt ist, gibt der Wächter den Weg frei – „Ach so, na ja..." – und die Erholungswelt steht Ihnen offen.

> ☞ **KLAR BENENNEN HILFT:** Sowohl der Wächter als auch der Unterstützer sind Muster, die im Kopf unseres (und vermutlich vieler) Erholungssuchenden aktiv sind. Indem man sie als solche benennt, wird klar, worum es geht, und damit auch, wo ein Ausweg aus dem offenkundigen inneren Konflikt liegen kann.

Der Wächter ist dabei keineswegs „böse"! Er hat schließlich dafür gesorgt, dass unser Erholungsbedürftiger ein angesehener, von allen geschätzter Mitarbeiter ist. Er hat es jedoch übertrieben und kann – wenn es gut läuft – vom Unterstützer überzeugt beziehungsweise. ein Stück weit zurückgedrängt werden. Das schlechte Gewissen des Erholungsbedürftigen ist damit nicht ganz weg, aber ein Stück weit entschärft. Endlich! Ich bin in der Erholungswelt angekommen und treffe mich mit Freunden, mache einen Ausflug oder was auch immer, aber das bitte konkret in der realen Welt!

Perspektiven für Grübler

Grübelgedanken haben die Eigenschaft, einerseits lästig, quälend und andererseits irgendwie doch attraktiv zu sein. Wären sie nicht attraktiv, dann hätten wir sie nicht. Worin die Attraktivität besteht? Das kann etwas mit der Hoffnung zu tun haben: „Wenn ich mir Gedanken darüber mache, fällt mir vielleicht doch noch eine Lösung ein?" Oder auch etwas mit Aggressivität: Den Chef in die Hölle zu wünschen, hat etwas Befreiendes. Wie ist es bei Ihnen? Das Ergebnis ist jeweils, dass man sich von den betreffenden Gedanken nicht lösen kann. Dass man durch Grübeln letztlich zu keiner konstruktiven Lösung kommen wird, ist zwar vorab klar. Gleichwohl gibt es fast den Zwang, immer wieder das Gleiche zu denken.

Psychologisch gesehen ist diese Dynamik nicht selbstverständlich. Etwas, was uns nur unangenehm oder schmerzhaft ist, macht (fast) niemand lange freiwillig. Warum grübeln wir dann? Die Gründe reichen von Gewissenhaftigkeit („Ich bin niemand, der sich nicht mit der schwierigen Situation am Arbeitsplatz beschäftigt!") bis zu geradezu mutwillig selbstquälenden Dynamiken, wobei man sich immer wieder „reinzieht", wie ungerecht etwa ein Chef mit einem umgegangen ist. Auch für die Grübler lassen sich Szenen auf der Bühne mit dem inneren Team entwerfen und durchspielen:

Sie sind Busfahrer. In Ihrem Bus sitzen viele Menschen, die Sie sicher an ihr Ziel bringen wollen. Dazu müssen Sie leistungsfähig und erholt sein. Nur leider werden Sie abgelenkt! Da kommen aus Ihrem Bus immer wieder Leute, die sich hinter Sie stellen und sagen: „Das ist doch ungerecht, wie es in der Firma läuft!" oder „Die Kollegen machen sich einen schönen Lenz auf Deine Kosten" oder „Die lachen doch alle über dich, weil du dich so reinhängst ..." Was hier auftaucht, sind genau die Gedanken, die Sie aus Ihren Grübelstunden bestens kennen! Welche Konsequenzen hat das für den Busfahrer? Er ist abgelenkt, fährt mit dem Bus in einen Straßengraben und verursacht so eine Katastrophe. Wie würden Sie als Busfahrer auf solche Störenfriede reagieren? Würden Sie argumentieren, etwa „Na so schlimm sind der Chef oder die Kollegen auch nicht"? Versuchen Sie es und Sie werden feststellen: Umgehend sind die

Grübelgedanken wieder da. Sie und Ihr innerer Busfahrer sind abgelenkt, erneut kommt es zur Katastrophe. Was könnte helfen?

Die Lösung ist so naheliegend, dass wir sie glatt übersehen haben. Neben dem Eingang, an der Fahrerkabine, befindet sich ein Schild: „Es ist verboten, während der Fahrt mit dem Fahrer zu sprechen!" Was läge näher, als eben dies von den Fahrgästen zu fordern und durchzusetzen, also: „Entweder Sie halten den Mund oder Sie verlassen umgehend den Bus!" Notfalls stoppen Sie den Bus und schmeißen die betreffenden Stimmen raus! Kurz und knapp, keine Diskussionen, kein Versuch, inhaltlich auf die Argumente einzugehen, auch wenn es Sie jucken würde! Mund halten oder aussteigen. Alternativen gibt es nicht. Wenn Sie mit dieser Szene im Kopf am nächsten Samstagmorgen einem Grübelgedanken begegnen sollten und Sie konsequent sind, dann haben diese Gedanken in Ihrem Kopf nur eine kurze Halbwertszeit.

Konsequent erholen

Natürlich muss die Erkenntnis, dass Erholung nötig ist, konkrete Konsequenzen haben! Die geplanten Erholungsaktivitäten, die Fahrradtour oder das Treffen mit Freunden müssen definitiv durchgeführt werden, sonst sind die besten inneren Teams und die klügsten Überlegungen wertlos. Davon, dass Ihr Kopf beim Treffen mit den Freunden oder auf dem Ausflug noch nicht ganz frei von Gedanken an die Arbeit ist, ist auszugehen. Der Spaß an der Sache und der Erholungseffekt kommen mitunter erst viele Wochen später.

 ZUM UMGANG MIT ERHOLUNGSVERHINDERERN:
Erholungsverhinderer sind hartnäckige Gestalten. Sie sind genauso hartnäckig, wie bestimmte Muster in Ihrem Gehirn! Falls Ihnen diesbezüglich Parallelen zu bestimmten Stressbeschleunigern aufgefallen sein sollten (siehe S. 89), haben Sie absolut recht (und könnten, falls nötig, genau da weiter machen).

Sind Sie bislang von der romantischen Vorstellung ausgegangen, wonach Erholung am Meer, in den Bergen, also auf jeden Fall in der Freizeit stattfinden sollte? Das ist glücklicherweise ein Irrtum! Erholung kann immer stattfinden, am besten und idealerweise im nächsten Augenblick und selbstverständlich auch während der Arbeit. Letzteres klingt geradezu subversiv? Um die dahinter stehende Idee nachvollziehen und umsetzen zu können, gehen wir zunächst einen Schritt zurück und beschäftigen uns mit der Frage, aus welchen Bausteinen Erholung überhaupt besteht.

Bausteine für Erholungswelten

Wo liegt Ihre persönliche Erholungswelt? Wie stellen Sie sich diese vor?

Wie stellen Sie sich nun Ihre Erholungswelt vor? Ist es ein Paradies unter Palmen, ein Liegestuhl am einsamen Strand oder eine Hütte in den Bergen? Mit solchen faszinierenden Ideen im Kopf kann Erholung, jenseits des Urlaubs, zum Problem werden. Denn je höher und idealistischer man seine Erholungserwartungslatte legt, um so frustrierender und stressiger ist es, wenn man sie nicht erreicht. Dabei müssen wir auch berücksichtigen, dass Erholungserleben niemals ein Dauerzustand ist. Genuss und Dolce Vita sind als Dauerzustände ungenießbar und als solche nur auf den ersten Blick erstrebenswert.

☞ **STRUKTUR MUSS SEIN:** Von allen Aufgaben entlastet zu werden führt oft dazu, dass sich die Betreffenden spätestens nach einigen Monaten schlechter und gestresster fühlen als zuvor. Keine Tagesstruktur, keine Beschäftigung, keine Ziele, weniger Sozialkontakte, niemand, der einen braucht, und wenig bis nichts, was einem Leben – abgesehen von der Erholung – Sinn gibt, das macht erwiesenermaßen: unglücklich.

Fakt ist auch: Arbeitslose, die sich ja theoretisch „immer erholen" könnten, sind signifikant gestresster und psychisch wie somatisch belasteter, als „die arbeitende Bevölkerung". Insofern kommen wir nicht darum herum konkret zu definieren, was für jeden von uns Erholung bedeutet und was unsere persönlichen Erholungswelten sind. Außerdem müssen wir lernen, wie man in diese möglichst kurzfristig, also auch im Alltag und während der Arbeit, hineinkommen kann.

Nicht nebenbei, sondern bewusst!

Um gezielt und ganz bewusst in die Erholung zu kommen, müssen wir zunächst einmal unsere Vorstellungen von unserer Erholungswelt, einschließlich der Palmen, des Strandes und der Berge, auf einen tiefen und entspannten Atemzug kondensieren. Einen Atemzug, den wir uns bewusst gönnen, den wir spüren, bei dem die Anspannung der Muskeln und der Gedanken nachlässt, der uns Erholungsbilder, einen Augenblick der Zufriedenheit und damit Entspannung ermöglicht. Entspannung im Hier und Jetzt! Der kleinste Baustein ist ein solcher Atemzug.

Möglicherweise ist die Vorstellung eines solchen Atemzuges für Sie noch etwas schwierig. Dabei kennen Sie solche Atemzüge mit Sicherheit bereits und haben die damit einhergehenden positiven Erlebnisse schon genossen. Mitunter ist es nicht leicht, sich dazu die Genehmigung zu geben. Dazu sind Gedanken wie der folgende hilfreich: „Man darf einen Moment innehalten und an den schönsten Moment im Urlaub denken, wenn einem der Stress den Atem raubt!" Genau solche elementaren Erholungsmomente sind gemeint. Setzen Sie diese bewusst ein und bauen daraus nach und nach Ihre Erholungswelt! Eine Welt, die Arbeit und Leben integriert und Ihre Erlebnisse, Interessen, Werte und Ziele beinhaltet. Vielleicht finden Sie über die beschriebenen Entspannungsverfahren einen Weg dorthin. Natürlich führt ein solcher Augenblick und Atemzug allein nicht zu einer tiefen Entspannung, die allen Stress von Ihnen abperlen lässt. Doch ein spürbarer Unterschied zum Zustand zuvor ist fast immer möglich.

Übrigens selbst in Momenten höchster äußerer Anspannung und Bedrohung, in denen man weder die Zeit noch die Möglichkeit hat, Entspannungsübungen aus dem Lehrbuch zu machen. In solchen Situationen hat unser Gehirn Strategien parat, das Schlimmste zu verhindern und unseren Stress zu reduzieren. Spontane Erleichterung und Wahrnehmungsumlenkung (Gedanken wie „Heute Nachmittag ist auch noch ein Tag!"), positive Selbstgespräche („Du hast schon viele solcher Situationen überstanden, du wirst auch diese überstehen!") und Abreaktionen (je nach Situation, etwa mit der Faust auf den Tisch hauen). Menschen, die entsprechende Mikrostrategien bewusst praktizieren, fällt der Umgang mit Stressituationen erheblich leichter. Welche genannten Strategien kennen Sie bereits, welche könnten darüber hinaus für Sie hilfreich sein?

Jede Entspannungs- und Erholungswelt besteht aus bewusst eingesetzten Entspannungsmomenten. Sammeln, gestalten und nutzen Sie solche Gedanken, in denen der Strand, der Liegestuhl, die Berge, der letzte Urlaub, das Zusammensein mit Menschen, die Ihnen lieb und wert sind, und vieles andere, was Ihr Leben positiv ausmacht, Platz finden können. Den Einsatz solcher Erholungsbausteine kann man üben und in einem Tagebuch festhalten (siehe S. 105). Wenn man solche Übungen zumindest gelegentlich praktiziert, kommt man an der letztlich wohltuenden Erkenntnis, wonach Arbeit und Leben keine Gegensätze, sondern integrativ sind, nicht vorbei. Jede andere Perspektive führt letztlich und langfristig zu Spannungen, also zu chronischem gesundheitsschädlichen Stress!

Mehr als nur „Batterien aufladen"

Um Stress zu reduzieren, müssen wir unsere Vorstellung von Erholung den Realitäten anpassen.

Wie praktisch wäre es, wenn Menschen so ähnlich funktionieren würden wie Akkus. Man könnte sie jederzeit bei Bedarf aufladen. Seit dem 19. Jahrhundert, in dem unter anderem auch die Batterien erfunden wurden, schien bezüglich der Belastungs- und Erholungsthematik der Vergleich von Menschen und Batterien derart evident zu sein, dass wir heute immer noch in diesen Kategorien denken: „Ich bin erschöpft! Also muss ich meine Batterien aufladen!"
Machen wir die Probe aufs Exempel: Wenn Sie nach zwölf Wochen

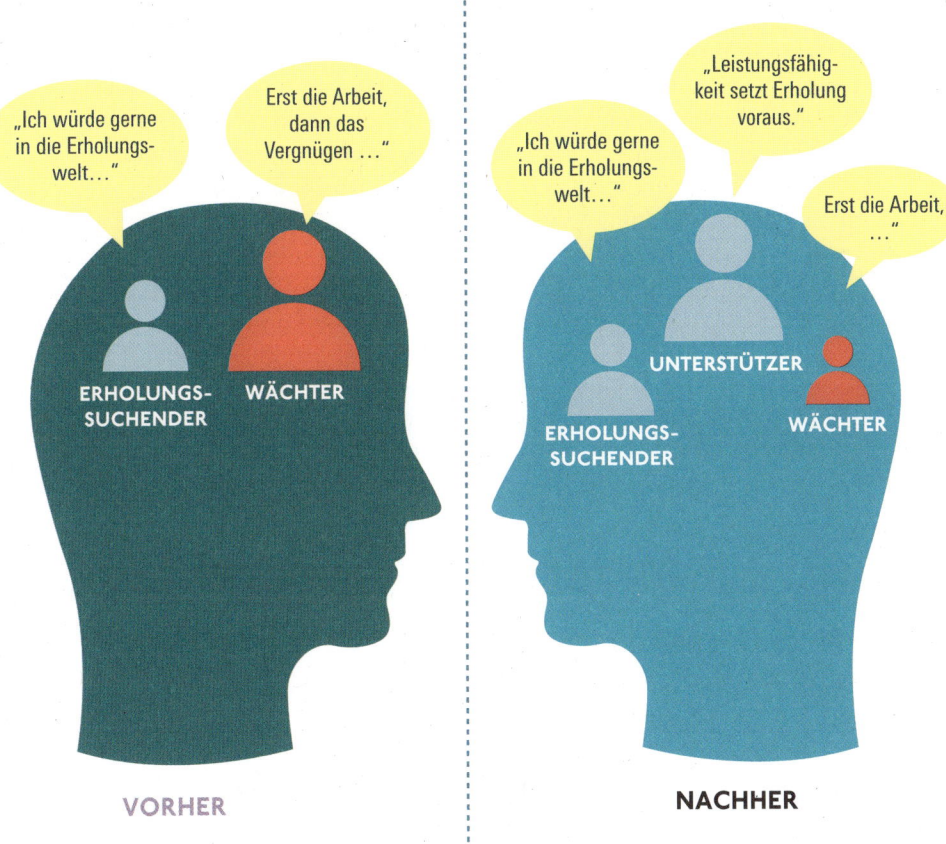

Urlaub in Ihren Alltag zurückkehren. Was glauben Sie, wie lange es dauern würde, bis Sie wieder auf dem Energielevel angekommen wären, das Sie vor dem Urlaub hatten? Auch nach langem Urlaub ist nach einer bis maximal zwei Wochen energetisch wieder alles beim Alten. Das ist wissenschaftlich gesichert.

> **ERHOLUNG LÄSST SICH NICHT KONSERVIEREN:** Für Batterien gilt: Je länger und stärker man sie auflädt, umso mehr Energie speichern sie. Können wir das auf uns übertragen? Wie viel Urlaub brauchen Sie, um richtig und maximal „aufgeladen" zu sein? Sicher, es kommt auf den Urlaub an und ob man in „Urlaubsstress" gerät.

Wenn Menschen also Batterien sind, dann solche mit einer ziemlich begrenzten Ladekapazität. Zudem: Wenn man Batterien mit mehr Energie aufladen will, als es ihrer Kapazität entspricht, können diese dabei sogar Schaden nehmen. Ähnlich ist es mit der Erholung: Wenn man sich immer stärker und noch intensiver zu erholen und zu entspannen versucht, verkehrt sich die Erholungsdynamik ins Gegenteil. Wenn sich ein Mensch nach einiger Zeit der Erholung immer noch nicht aufgeladen fühlt, könnte er versucht sein, seine bisherige Erholungsstrategie noch intensiver zu praktizieren. Sich noch länger ins Bett legen, noch konsequenter jede Anstrengung vermeiden und alles mit der guten Absicht, damit endlich in einen Zustand der Entspannung und Erholung zu kommen. Erholung muss doch zu schaffen sein! Wenn all das nicht funktioniert, steckt vielleicht eine Krankheit dahinter? In den meisten Fällen vermutlich nicht. Der Fehler liegt schlicht in der Vorstellung, dass man Erholung quasi durch immer weitergehende Schonung erzwingen könne.

Zu viel Erholung macht Stress

Was für die Rekonvaleszenz nach schweren Erkrankungen zunächst einmal richtig ist, ist für körperlich gesunde Menschen letztlich pures Gift. Im Englischen nennt man den verzweifelten Versuch, sich endlich doch erholt und energetisch zu fühlen „aggressive rest therapy". Das Dilemma liegt darin: Je intensiver ich mich zu erholen versuche, umso erschöpfter werde ich. Man zieht sich immer mehr zurück, schont sich, wo immer es geht, ist längst krankgeschrieben, und alles mit dem frustrierenden Ergebnis, dass die Erschöpfung immer stärker wird. Schon bei minimalen Belastungen ist Betroffenen klar: Nichts geht mehr! Mitunter wird schon Zähneputzen als nicht zu bewältigen und stressig erlebt. Fakt ist: Einerseits nimmt parallel zur mentalen Schonung die körperliche Fitness immer weiter ab. Andererseits trainiert man seine Wahrnehmung darauf, intensiv auf Erschöpfungssymptome zu achten. In der Kombination ergibt sich ein Teufelskreis, eine fatale Eigendynamik aus Erholung und Erschöpfung. Wie man da wieder herauskommt? In kleinen Schritten und durch Training. Letzteres zunächst trotz der sicher unmittelbar auftretenden Erschöpfungsgefühle. Dabei ist wichtig: Gefühle sind keine objektiven Messgeräte! Es ist in etwa so, als wenn bei Ihrem Auto die Tankanzeige defekt ist. Der Tank ist noch halbvoll, die Anzeige zeigt, dass er komplett leer sei. In solchen Fällen bleibt nur, sich zunächst einmal nicht an der Anzeige, sondern an Außenfaktoren zu orientieren und aktiver zu werden. Sie kennen ein ähnliches Phänomen vielleicht vom Schlaf: Wenn man ein „Schlafdefizit" hat, lässt sich das nicht durch tagelangen Schlaf ausgleichen, sondern nur durch regelmäßigen, Ihrem Schlafbedürfnis entsprechenden Schlaf.

Alle zwei Stunden acht Minuten

Wie lange können Sie sich am Stück gut konzentrieren, wie lange sind Sie entsprechend für primär „geistige Arbeit" (also etwa am Bildschirm) leistungsfähig? Junge gesunde Menschen können das bei mittlerem Leistungsniveau in etwa zwei Stunden lang. Danach sinkt, egal ob man es selbst bemerkt, die Konzentrations- und Leistungsfähigkeit objektiv deutlich ab. Wer dann noch weiterarbeitet, wird einerseits weniger effizient, andererseits erhöht sich die Gefahr von Fehlern. Zudem braucht sich der Betreffende nicht zu wundern, wenn er am Abend „völlig fertig", aber „aufgedreht" ist und schlecht einschlafen kann. Ein Anstieg von Stresshormonen (siehe S. 73) hat dafür gesorgt, dass der Kopf jenseits eines psychophysiologischen Gleichgewichtes über Wasser gehalten werden konnte. Gesund und angemessen wäre, sich nach zwei Stunden konzentrierter Arbeit für etwa acht Minuten zu „entspannen". Also eine Pause zu machen. Nichts einfacher als das? Wirklich?

☞ **WAS IST EINE PAUSE?** Oft hat das, was Pause heißt, inhaltlich nicht viel damit zu tun. Wenn man in der Pause mit Kollegen weiter über die Arbeitsprobleme diskutiert, ist man mental noch bei der Arbeit. In Pausenzeiten über die besten Filme im Kino oder Kochrezepte zu sprechen, ist erheblich erfolgversprechender! Bewusstes, entspanntes Atmen wäre auch eine Möglichkeit.

Was machen Sie in Arbeitspausen? Mit wem unterhalten Sie sich worüber? Nach einer solchen Pause kann man wieder zwei Stunden in etwa auf dem alten Leistungsniveau weiterarbeiten. Acht Stunden ohne Pause zu arbeiten hingegen, ist reine Quälerei. Um in etwa den gleichen Erholungseffekt zu haben, den acht Minuten Pause alle zwei Stunden erbringen, bräuchte man nach achtstündiger pausenloser Arbeit in etwa exponentiell so viel Zeit um wieder „runterzukommen".

Physiologisch und psychologisch gesehen sind wir auf regelmäßige Regeneration, auf Entspannung und Erholung angewiesen. Und das zunächst einmal und grundsätzlich in etwa alle zwei Stunden für jeweils etwa acht Minuten. Wenn wir das nicht hinbekommen, sind auch mehrere Traumurlaube im Jahr nicht ausreichend, um unser Energieniveau hoch und unser Stressniveau niedrig zu halten. Entspannung lässt sich über das physiologisch angemessene Maß hinaus nicht optimieren! Mehr bringt dann nicht mehr, sondern, wenn man es auf die körperlichen und psychologischen Grundfunktionen bezieht, immer weniger. Bis hin zur weitgehenden Paralyse des Systems, was dann u. a. als „chronische Müdigkeit" erlebt wird.

Wie also kann man es schaffen, trotz der üblichen Abläufe bei der Arbeit die Acht-Minuten-Pause einzubauen? Natürlich ist immer noch etwas zu tun, etwa: „Ich muss noch dringend ein paar Probleme lösen!", „Die Chefin will mal ganz kurz was mit mir besprechen!" oder „Wenn ich es nicht in der Pause erledigen kann, wann dann?". Fallen Ihnen noch andere Gründe ein, weshalb es für Sie unmöglich ist, Pausen zu machen? Wenn Sie jetzt auf die Stressbeschleuniger verweisen (siehe S. 89), die offenkundig hinter einigen der vermeintlichen Argumente stecken, dann sind Sie auf dem richtigen Weg! Genau so funktioniert es. „Ich muss noch dringend ..." klingt doch sehr nach „Mache keine Fehler", womit sich die Frage stellt, was denn schlimmstenfalls passieren kann, wenn Sie dennoch eine Pause machen. Langfristig werden Sie dadurch leistungsfähiger. Und das wollen Sie doch? Letztlich läuft es immer auf eine Güterabwägung hinaus: Wie wichtig ist Ihnen Ihre Pause? Dabei ist es hilfreich, absehbare Störfaktoren gegebenenfalls offen anzusprechen, etwa: „Sagt mal, was bringt es uns denn, jede Pause über den Chef zu jammern? Gehen wir doch lieber kurz vor die Tür und atmen tief durch." Das geht aus bestimmten Gründen in Ihrer Situation nicht? Haben Sie es schon ausprobiert? Wie bereits gesagt: Entspannung und Stressreduktion bekommt niemand geschenkt! Da muss man durch, durch eigene Muster und durch situative Probleme. Wenn es keinen Pausenraum gibt, ist das ein Betriebsratsthema. Und wenn denen nicht zu trauen ist, gibt es vielleicht einen Raum, den man dazu nutzen kann? So etwas gibt es bei Ihnen nicht? Falls das Ihre Antwort sein sollte: Letztlich kommen Sie so oder so, was das Thema „Stressenergie nutzen" anbelangt, nicht aus der Selbstverantwortung heraus. Mein Lieblingsbild dazu? Ein Mönch, der völlig entspannt im Yoga-Sitz am Rande einer achtspurigen Straßen in einer indischen Großstadt sitzt. Wer es wirklich will, kann überall entspannen. Dass ein Ruheraum dazu charmanter wäre, ist unbestritten!

Everybody's gone surfin'!

Wenn die Stresswellen auf Sie zukommen: Springen Sie drauf und surfen los!

Unsere kleine Reise durch die Welt der Stresswellen und Ihrem Umgang mit ihnen geht ihrem Ende entgegen. Wie wir gesehen haben, ist der Weg zu weniger Stress kein einfacher Spaziergang. Jede Strategie, die langfristig funktionieren soll, muss mindestens so komplex sein, wie Sie es als Person sind, multipliziert mit der Komplexität der Stresssituation. Alles, was dahinter zurückbleibt, ist ein Versprechen, das nicht eingelöst werden kann. Misstrauen Sie allem, was ganz schnelle und sehr einfache Stressreduktion garantieren soll! Egal um was für einen Stressor und um welche Stressreaktion es sich handelt, Sie haben immer drei Alternativen:

1 **CHANGE IT:** Oft lässt sich etwas am Stressor selbst verändern, etwa indem man unangemessene Belastungen in der Arbeit offensiv thematisiert und so deren Entschärfung erreicht. Oder Sie verändern ihre eigenen Muster im Umgang mit den Stressoren. Das kann durch emotionale („nicht mehr so ernst nehmen") oder durch praktische Bewältigung geschehen, also indem man seine Möglichkeiten im direkten Umgang mit dem Stressor verbessert. Das beinhaltet zum einen, etwas dazuzulernen, oder zum anderen etwaige persönliche Stressverstärker, die Ihre Stressreaktionen mitbedingen, zu entschärfen. Was Ihnen dann noch fehlt, ist der Mut, ein diesbezügliches Veränderungsprojekt konsequent zu beginnen und durchzuziehen, ein Projekt, das einiger Anstrengung bedarf, zunächst mit zusätzlichem Stress einhergeht (schließlich hat jeder gute Gründe dafür, die Muster zu haben, die er hat), aber langfristig vielversprechend ist.

2 **LOVE IT:** Etwas weniger pathetisch ausgedrückt geht es um „Akzeptanz". Was Akzeptanz konkret bedeutet? Zum Beispiel: Warum sollte man sich eine gute Arbeit, eine gute Nachbarschaft oder eine gute Beziehung durch die Eigenheiten einer bestimmten Person oder Konstellation vergrämen lassen? Akzeptanz ist und bleibt nicht einfach. Schließlich geht es um nicht angemessene, nicht gerechte oder auch unsinnige, in jedem Fall für Sie nicht veränderbare Dinge, die es zu akzeptieren gilt. Eben das macht es emotional schwierig und kann umgehend in eine Grübeldynamik führen, die einen bis in den Schlaf hinein verfolgt. Wenn man Grübelgedanken als solche erkennt, dann kann man ziemlich klar mit ihnen umgehen. (Erinnern Sie sich an den Busfahrer, der die lästigen Fahrgäste aussteigen lässt?) Langfristig entspannter sind Achtsamkeitsstrategien: die unangenehmen Gedanken kommen und gehen, wenn man sie lässt. Wer sie ablehnt und nachdrücklich „nicht haben" will, zu dem kommen sie wie ein Bumerang umgehend zurück.

3 **LEAVE IT!** Wenn Sie zu dem Schluss gekommen sind, dass Sie alle Lösungsmöglichkeiten ausprobiert haben und nichts davon richtig funktioniert hat, bleibt immer noch: „Verlasse die Situation!" Weshalb kann man eine trotz vieler und mühevoller Versuche nicht lösbare, anhaltenden Stress garantierende Situation nicht verlassen? Oft ist es die Vorstellung, dass dadurch alles noch viel schlimmer wird, oder anders herum: Ganz so schlimm, dass ich gehen müsste, ist es dann doch noch nicht. Die momentanen Verstrickungen, unter denen man zwar leidet, sind gefühlt immer noch angenehmer als jede entschiedene Veränderung. Bis zu welchem Punkt wollen Sie das aushalten? Halbherziges Herumlavieren und anhaltendes Leiden angesichts von belastenden Situationen ist oftmals die unglücklichste, weil zeitlich praktisch unbegrenzte Konstellation, die man sich zumuten kann.

Und jetzt: Ab auf die Stresswelle!

Wenn Sie dieses Buch bis hierher gelesen haben, ist Ihnen klar geworden, dass die totale Vermeidung von Stress nicht nur ein frommer Wunsch ist, sondern ein extremer Stressverstärker! Stress bedeutet, dass etwas passiert, dass Energie da ist, die man zwar irgendwie aushalten oder ausbremsen kann, die aber besser so kanalisiert werden sollte, dass es Ihnen damit langfristig möglichst gut geht. Unser individuelles wie gesellschaftliches Stressproblem liegt letztlich darin, dass sich Stressoren in einer unsicheren, richtungslosen und spürbar unberechenbaren Welt aufsummieren und dann jede kleine weitere Störung die Stresskurve nach oben treibt. Die Grundruhe, die solche Störungen relativieren könnte, fehlt weitgehend. Einerseits sind wir freie Individuen mit dem Anspruch, autonom und selbstbestimmt zu sein. Andererseits haben wir in vielerlei Hinsicht keine tragfähigen Vorstellungen davon, wie mit diesen Freiheiten umgegangen werden kann. Sich diesbezüglich konkrete Gedanken zu machen, ist anstrengend und erzeugt wiederum Stress. Sich darüber aber keine Gedanken zu machen und sich auf einen Anspruch auf Selbstbestimmung, Stressminimierung und individuelles Glück zu berufen, ist gleichbedeutend damit, ziellos auf dem Meer herumzusegeln. Hoffen wir auf guten Wind? Und leben gleichzeitig in der Angst, dass ein Sturm aufziehen könnte? Angesichts dieser Situation ist auf Stresswellen surfen zu lernen letztlich alternativlos. Sicherheit und Entspannung sind kostbare Güter, die von jedem von uns immer wieder neu geschaffen werden müssen. Sich entsprechende Erholungsmomente zurechtzulegen, mit denen man sein Leben strukturieren und Stress minimieren kann, bietet sich als elegante Strategie an. Wer versucht, Stresswellen, die so auf jeden von uns zukommen, frontal aufzuhalten, wird von ihnen überspült. Also los: Stresswellen sind dazu da, mit und auf ihnen zu surfen!

Everybody's gone surfin'!

HILFE

Literatur
Register

LITERATUR (AUSWAHL)

Tobias Stächele, Markus Heinrichs, Gregor Domes: Ratgeber Stress und Stressbewältigung: Informationen für Betroffene und Angehörige, Hogrefe Verlag, 2020

Susanna Hartmann-Strauss: Entspannungstherapie: Praxishandbuch für Kursleitung und Psychotherapie, Springer Verlag, 2020

Ken Mogi: Ikigai: Die japanische Lebenskunst, Dumont Verlag, 2020

Andreas Hillert, Dirk Lehr, Stefan Koch, Maren Maria Bracht, Stefan Ueing, Kristina Lüdtke, Nadia Sosnowsky-Waschek: Arbeit und Gesundheit im Lehrerberuf (AGIL) – Das individuelle Arbeitsbuch, Schattauer Verlag, 2019

Andreas Hillert: Gebrauchsanweisung für das Leben in der Postmoderne. Schattauer Verlag, 2019

Andreas Hillert, Stefan Koch, Dirk Lehr: Burnout und chronischer beruflicher Stress. Ratgeber für Betroffene, Hogrefe Verlag, 2017

Gert Kaluza: Stressbewältigung: Trainingsmanual zur psychologischen Gesundheitsförderung, Hogrefe Verlag, 2018

Dieter Riemann: Ratgeber Schlafstörungen: Informationen für Betroffene und Angehörige, Hogrefe Verlag, 2016

Martin Bohus, Lisa Lyssenko, Michael Wenner, Mathias Berger: Lebe Balance. Das Programm für innere Stärke und Achtsamkeit, Trias Verlag, 2013

Russ Harris: Wer dem Glück hinterherrennt, läuft daran vorbei: Ein Umdenkbuch, Goldmann Verlag, 2009

Richard Layard: Die glückliche Gesellschaft. Was wir aus der Glücksforschung lernen können, campus Verlag, 2009

Jon Kabat-Zinn: Achtsamkeit für Anfänger, Arbor-Verlag, 2009

Diese Bücher sind als Anregungen gemeint, wenn Sie sich über die jeweiligen Themen eingehender informieren möchten. Eine vollständige Liste aller Publikationen, auf denen die im vorliegenden Buch dargestellten Inhalte beruhen, ist hier aus Platzgründen nicht möglich (siehe dazu die anderen, von Andreas Hillert geschriebenen Bücher).

REGISTER

A

Ablehnung 97
Ablenkung 27
Achtsamkeit 75, 77
ACT (Acceptance und Commitement Therapy) 77
Adiurtetin 32
Adrenalin 20, 30, 31, 32, 59, 73
Adrenocorticotrophes Hormon (ACTH) 32
Akzeptanz 49
Alarm-Signal 31
Aldosteron 34
Alkohol 72
Allgemeines Adaptionssyndrom 19
Anerkennung 96
Angst 36, 110
Anpassungsleistung 22, 87
Ansprüche, eigene 29, 94, 107
Arbeit 127, 146, 152
Arbeitsplatz 130, 135
Atmen, bewusstes 65
Autogenes Training 63, 71

B

Bedrohung („threat") 25
Beliebtsein 96
Benzodiazepine 74
Beruhigungsmittel 72
Beta-Endorphinen 32
Bewältigung 25, 37, 61, 170
– , angebrachte 29
– , emotionsorientierte 27
– , problemorientierte 26
– , transaktionale 30
Bewertung 25, 125
– , kategorische 24
– , primäre 24, 26

– , sekundäre 26
Blutdruck, erhöhter 33, 35
Body-Scan 79
Botenstoffe 32
Burnout 38, 39, 41, 43

C

Cannabis 74
Coping 25, 37, 59, 60
Corticotropin-Releasing Hormon 32, 34
Cortisol 32, 34, 35, 59, 73
Cortison 33

D

Demands and constraints 29
Denkzeit 75
Depersonalisierung 42
Depression 36
Diabetes 35
Dis-Stress 24, 43
Dopamin 73
Drenocorticotropes Hormon (ACTH) 34
Drogen 74

E

Einsamkeit 96, 118
Endorphine 33
Entspannung 27, 48, 60, 63, 66, 70
Entzündungsreaktionen 36
Erholung 151, 155, 161, 164, 166
Erschöpfung 19, 42
Erwartungen 101, 113
Eskalation 26
Eu-Stress 24

F

Faktoren, situative 29
Familie, Stress in der 143, 145
Fehler 95, 99, 109
Flow 43, 45
Folgen von Stress 22, 30, 35, 37
Forschung 18
Frühwarnzeichen 55, 56

G

Gedanken 27, 55
Gefahr 19, 32
Gefühle 55, 60, 124
Gehirn 34, 53, 75
Generalisiertes Anpassungssyndrom 19
Geräusche, laute 24
Glucocorticoide 32
Glucocorticosteroide 32
Glukose 32, 35
Gratifikation 136
Grübeln 160

H

Handeln 86, 144
Harm avoidance 56, 100
Herausforderung („challenge") 25
Hexaflex-Modell 80
Hilfe annehmen 99, 112
Homeoffice 146, 152
Hormone 18
Hyperakusis 24
Hypnose 71
Hypophyse (Hirnanhangsdrüse) 31, 32, 34
Hypothalamus 31, 32

I, J

Ikigai-Modell 119, 120
Immunreaktion 35
Job 128, 132, 139
Jugendliche im Stress 148

K

Kampf/Flucht 19, 25, 32
Kinder 144, 148
Kollegen als Stressor 134
Kommunikation 99, 124, 143
Kontakte, soziale 97
Kontext, sozialer 30
Konzentration 167
Körper 30, 51, 55
Kortison 19
Kritik, Umgang mit 97

L

Lebenswerte klären 121
Leid, natürliches 81
Leistungen 11, 42, 78, 123, 167
Lob annehmen 142
Lösungen, einfache 85

M

Maslach-Burnout-Inventar (MBI) 42
Meditation 20, 75, 78
Mental strain 129
Mindfulness-Based Stress Reduction (MBSR) 77
Misserfolge 98, 111
Motivation 130
Müdigkeit 64

N

Narzissmus 91, 134
Nebennierenmark 31
Nebennierenrinde 19, 32, 34
Nervensystem 64
– , sympathisches 30
– , vegetatives 31, 32, 64
Neurasthenie 39
Noradrenalin 20, 30, 59

P

Parasympathikus 32, 64
Partnerschaft 144
Pause machen 168
Persönlichkeitsstörung 91
Progressive Muskelentspannung 63, 66, 68
Psyche 36

R

Reflexe 22
Resilienz 37
Risiko 100, 113
Ruhe 63, 169

S

Schemata 87
Schlaf 64
Schmerzen 33, 53
Schuld 98
Selbstentspannung 71
Selbstgespräch 61
Selbstsicherheit 61
Selbstwert 97, 110, 123
Selbstwerttagebuch 125
Selbstwirksamkeit 61
Sensation seekers 56, 100
Serotonin 73
Sicherheit 61
Spill-over Effekte 147
Sport 17
Strategien, langfristig wirksame 63
Stressabbau 22, 48
Stressbeschleuniger 89, 92, 101
– entschärfen 103, 107, 109, 111, 113
Stressoren 9, 15, 50
– , äußere 22, 35
– , bedrohlich-negative 24
– im Job 128
– , positive 24
– , Umgang mit (siehe Bewältigung)
Stressreaktion 22, 29, 43, 50, 56, 59
Stresstagebuch 54, 57, 61, 105
Stresstypen 56
Sympathikus 32, 64
System, limbisches 31

T

Tag-Nacht-Rhythmus 64
Thymus-Drüse 33
Totstellreflex 37
Transaktionales Stressmodell 24

U, V

Unsicherheit 97, 100, 113
Unterstützung 99, 112
Valium 74
Veränderungen 86
Verantwortung 98, 111
Verhalten 30, 55, 86, 124
Vermeidung 38, 56, 81, 100
Versagen 95
Verunsicherung 37

W

Warnzeichen 55
Werte 82, 114, 117, 121
Wertschätzung 97, 110
Widerstand 19, 37
Work-Life-Balance 152

Y, Z

Yoga 72
Ziele 82, 114, 148

Die Stiftung Warentest wurde 1964 auf Beschluss des Deutschen Bundestages gegründet, um dem Verbraucher durch vergleichende Tests von Waren und Dienstleistungen eine unabhängige und objektive Unterstützung zu bieten.

Der Autor: Prof. Dr. Dr. med. Andreas Hillert ist Facharzt für Psychiatrie, Psychotherapie und Psychosomatische Medizin. Er ist Chefarzt und Leiter der Tagesklinik der Schön Klinik Roseneck in Prien. Behandlungs- und Forschungsschwerpunkte sind die unterschiedlichen Interaktionen zwischen beruflichen Belastungen, gesellschaftlichem Wandel und psychischen Erkrankungen. Dabei beschäftigt er sich intensiv mit dem Thema Stress.

© 2023 Stiftung Warentest, Berlin

Stiftung Warentest
Lützowplatz 11–13
10785 Berlin
Telefon 0 30/26 31–0
Fax 0 30/26 31–25 25
www.test.de
email@stiftung-warentest.de

USt-IdNr.: DE136725570

Vorstand: Hubertus Primus
Weitere Mitglieder der Geschäftsleitung:
Dr. Holger Brackemann, Julia Bönisch, Daniel Gläser

Alle veröffentlichten Beiträge sind urheberrechtlich geschützt. Die Reproduktion – ganz oder in Teilen – bedarf ungeachtet des Mediums der vorherigen schriftlichen Zustimmung des Verlags. Alle übrigen Rechte bleiben vorbehalten.

Programmleitung: Niclas Dewitz

Autor: Prof. Dr. Dr. med. Andreas Hillert
Projektleitung: Veronika Schuster
Lektorat: Carsten Tergast, Leer

Mitarbeit: Merit Niemeitz
Korrektorat: Dr. Christian von Raumer, Berlin
Titelentwurf: Christian Königsmann
Layout: Christian Königsmann
Grafik, Satz: Anna Bakalovic, Berlin
Illustrationen: Anna Bakalovic,
S. 68/69 Christian Königsmann
Bildnachweis: Schön Klinik Gruppe (Titel); GettyImages, akindo: S. 9; GettyImages: S. 21, 34, 44, 59 (Figur), 62, 80, 140, 165
Infografiken/Diagramme: Anna Bakalovic

Produktion: Vera Göring, Christian Königsmann
Verlagsherstellung: Rita Brosius (Ltg.), Romy Alig, Susanne Beeh
Litho: tiff.any, Berlin
Druck: Fromm + Rasch GmbH & Co. KG., Osnabrück

ISBN: 978-3-7471-0646-4

Wir haben für dieses Buch 100 % Recyclingpapier und mineralölfreie Druckfarben verwendet. Stiftung Warentest druckt ausschließlich in Deutschland, weil hier hohe Umweltstandards gelten und kurze Transportwege für geringe CO_2-Emissionen sorgen. Auch die Weiterverarbeitung erfolgt ausschließlich in Deutschland.